奋斗卷

人民日报金句

任仲文 ◎ 编

人民日报出版社
北京

图书在版编目（CIP）数据

人民日报金句.奋斗卷/任仲文编.--北京：人民日报出版社,2022.8
 ISBN 978-7-5115-7412-1

Ⅰ.①人… Ⅱ.①任… Ⅲ.①格言－汇编－中国 Ⅳ.① H136.33

中国版本图书馆 CIP 数据核字 (2022) 第 124552 号

书　　名：	人民日报金句：奋斗卷
	RENMINRIBAO JINJU FENDOUJUAN
作　　者：	任仲文
出 版 人：	刘华新
责任编辑：	周海燕　孙　祺
装帧设计：	元泰书装

出版发行：人民日报出版社

社　　址：	北京金台西路 2 号
邮政编码：	100733
发行热线：	（010）65369509　65369512　65363531　65363528
邮购热线：	（010）65369530
编辑热线：	（010）65369518
网　　址：	www.peopledailypress.com
经　　销：	新华书店
印　　刷：	北京盛通印刷股份有限公司
法律顾问：	北京科宇律师事务所 010-83622312

开　　本：	880mm×1230mm　1/32
字　　数：	60 千字
印　　张：	9
版　　次：	2022 年 8 月第 1 版
印　　次：	2025 年 10 月第 14 次印刷
书　　号：	ISBN 978-7-5115-7412-1
定　　价：	68.00 元

出版说明

近些年来,"金句"已成为互联网上的一个高频词。人民日报版面文章中的金句,一直深受读者喜爱。人民日报出版社曾专门录制多期"人民日报金句"短视频,播出后引发读者诵读和摘抄。应广大读者的需求,我们特从2021年以来的人民日报版面中精心选取200多条金句,以飨读者。

这些金句,主要摘自人民日报社论、评论员文章,以及要闻版、评论版、党建版、新青年版等文章。书稿以奋斗为主题,分为理想信念、增强本领、勇敢担当、砥砺奋进四个部分。

任何伟大的事业,都始于梦想、成于实干。更加美好的生活,必须继续付出辛勤劳动和艰苦奋斗。在这个属于奋斗者的新时代,每个人都在奔跑中拥抱梦想,用汗水浇灌未来,用不懈奋斗书写属于自己的人生精彩。

致敬每一个拼搏奋斗的追梦人,我们一起向未来!

目录
CONTENTS

PART 1
理想信念
精神·信仰·信心

1

PART 2
增强本领
学习·本领·素养

67

PART 3
勇敢担当
勇敢·担当·斗争

161

PART 4
砥砺奋进
奋斗·拼搏·努力

211

理想信念

PART 1

LI
XIANG
XIN
NIAN

精神
信仰
信心

人无精神则不立，国无精神则不强。精神的力量是无穷的，引领人昂扬向上，感召人发愤图强，激励人勇毅前行，蕴藏着创造历史的澎湃势能。

《人民日报》2022年04月14日05版

理想
信念

义者，宜也。有多清醒的认识，就会有多坚定的选择；有多崇高的信仰，就会有多勇毅的行动。

《人民日报》2022年01月21日04版

胜负之征,精神先见。精神所在,就是血脉所在、力量所在,就是活力所在、信心所在。

《人民日报》2021年06月24日04版

PART 1
理想信念

> 精神虽然无形,但精神的力量无穷。
>
> 《人民日报》2021年09月01日09版

面对人生挫折时，爱和善意永远是我们可以信赖也必须依赖的精神力量。我们的社会在大家共同努力之下，充满美好希望。只要大家秉持善意，怀着战胜一切困难的勇气，就一定能够相互搀扶、相互帮助、相互激励，走向我们共同的美好未来。

《人民日报》2022年03月03日20版

PART 1

理想
信念

> 有功成不必在我的精神境界、功成必定有我的历史担当，有真抓的实劲、敢抓的狠劲、善抓的巧劲、常抓的韧劲，一件事情接着一件事情办，一年接着一年干，才能把美好蓝图变为现实。
>
> 《人民日报》2022年03月04日03版

思想淬炼是一辈子的事，要坚持活到老、学到老、改造到老，在常修常炼上下功夫，勤掸"思想尘"、多思"贪欲害"、常破"心中贼"。

《人民日报》2022年04月27日05版

坚定百折不挠的进取意志,保持乐观向上的精神状态,变挫折为动力,用从挫折中吸取的教训启迪人生,才能使人生实现升华和超越。

《人民日报》2022年04月29日05版

PART 1

理想信念

理想指引人生方向,信念决定事业成败。青少年阶段是人生的"拔节孕穗期",青年时代树立崇高理想十分紧要,不仅要树立,而且要在内心深处扎根,一辈子持之以恒为之奋斗。

《人民日报》2022年05月24日09版

PART 1

理 想
信 念

手握真理、胸怀理想,发端于建党之时,体现于百年征程,熔铸于精神血脉,承载着中国共产党人经受任何考验、穿越万水千山的精神密码。

《人民日报》2021年07月08日05版

> 青春不仅是意气风发的韶华时光，更意味着一种人生境界、一种生命价值、一种精神状态。青春的意义，在于生机、希望和未来，永远朝气蓬勃，始终一往无前。
>
> 《人民日报》2021年05月07日05版

> 建设一个如晨曦般澄明、如日升般进步的社会，如果缺乏精神的滋养和引领，社会文明将失去自己的内核和灵魂。
>
> 《人民日报》2021年05月18日04版

PART 1

理想信念

古人云，"观乎人文，以化成天下"。人文精神不但可以启迪思想、陶冶情操、温润心灵，而且通过以文化人、以文育人，可以带来认知社会的新视野和新境界。培养人文情怀，不仅仅要读文史哲，更要培养一种对生命的热爱和尊重，对真理的探索和敬畏，对信仰的执着和坚定。

《人民日报》2021年05月18日04版

PART 1

理想信念

新时代需要造就知识丰富、情操高尚、意志坚定、素养深厚、人格健全的社会主义建设者,而不是只有物质生活、缺乏精神生活的"单面人"。

《人民日报》2021年05月18日04版

人们喜爱柳树,不仅因为它有婀娜多姿的外貌,还因其可亲可敬的品格。无论在何处,只要随手一插,它就能存活下来、茁壮成长。我们学习柳树的精神,就要像它那样不计环境好坏、不管土地肥瘦,在哪里都能生根抽枝、生机勃勃。

《人民日报》2021年04月08日04版

PART 1

理想
信念

将根深深扎进大地，枝干在风雨雷电中砥砺生长，耐得住光阴一寸一寸来雕刻打磨，笑对飒飒金风，结出累累果实，这就是银杏树的风格。要像银杏树那样，不急不躁，学会安静地扎根；不计名利，干好眼前的活，创造经得起时光打磨的业绩。

《人民日报》2021年04月08日04版

树同人一样，每一棵树都有自己独特的风格和个性，孕育着可贵的品格和精神。做一棵松树、一棵柳树、一棵银杏树，做一棵平凡的树、普通的树，许许多多平凡的树、普通的树汇聚在一起，就有了"绿我涓滴，会它千顷澄碧"的磅礴。事实上，生于平凡而不甘于平凡，也能超越平凡、成就伟大。

《人民日报》2021年04月08日04版

PART 1

理 想
信 念

> 永葆少年气,是历尽千帆、举重若轻的沉淀,也是乐观淡然、笑对生活的豁达。
>
> 《人民日报》2021年03月03日05版

火热的青春,需要坚定的理想信念。信仰是精神支柱和力量源泉。只有理想信念坚定的人,才能不畏风雨,不畏艰险,为实现既定目标而不懈奋斗。

《人民日报》2022年06月12日05版

PART 1

理想信念

要树立对马克思主义的信仰、对中国特色社会主义的信念、对中华民族伟大复兴中国梦的信心,不断增强做中国人的志气、骨气、底气,树立为祖国为人民永久奋斗、赤诚奉献的坚定理想;要自觉树立和践行社会主义核心价值观,矢志追求更有高度、更有境界、更有品位的人生;要敢为人先、敢于突破,以聪明才智贡献国家,以开拓进取服务社会;要擦亮奋斗这个青春最亮丽的底色,在青春的赛道上奋力奔跑,在真刀真枪的实干中成就一番事业,让青春在为祖国、为民族、为人民、为人类的不懈奋斗中绽放绚丽之花。

《人民日报》2022年05月04日02版

理想信念不是拿来说、拿来唱的,更不是用来装点门面的,只有见诸行动才有说服力。坚定理想信念不是一阵子而是一辈子的事,要常修常炼、常悟常进,无论顺境逆境都坚贞不渝,经得起大浪淘沙的考验。

《人民日报》2022年03月03日01版

PART 1

理 想
信 念

> 新时代是追梦者的时代，也是广大青年成就梦想的时代。与新时代同向同行、共同前进，当代中国青年生逢盛世，肩负重任；身处中华民族发展的最好时期，把理想追求融入党和国家事业，方能不负韶华、不负时代、不负人民。

《人民日报》2022年05月04日01版

前进道路上仍然有不少"拦路虎""绊脚石"。如果理想信念不坚定，精神上就会得"软骨病"，就会在风雨面前东摇西摆；只有理想不灭、信念不倒、精神不垮，才能经得起风浪、抵得住诱惑。

《人民日报》2022年05月25日09版

> 每个人追梦圆梦的足迹，映照着社会的变化与活力，也为逐梦而行的时代写下生动注脚。或大或小、色彩斑斓的梦想，在不弃微末、不舍寸功中开花结果，在日复一日、一点一滴的坚守中逐渐可感可及。
>
> 《人民日报》2022年01月21日05版

PART 1

理想信念

理想信念是精神支柱,有了理想信念的加持,就能涵养"忠诚印寸心,浩然充两间"的高尚品格,就能唤醒"站在最大多数劳动人民的一面"的政治觉悟,就能激发"为国为民谋解放之革命事业"的使命担当,就能塑造"风雨不动安如山"的强大定力,就能增进"坚定不移走自己的路"的深厚自信。

《人民日报》2022年05月16日05版

PART 1

理想信念

> 要把握"小"与"大"、"量"与"质"的辩证关系，决不能在推杯换盏中放松了警惕、在小恩小惠面前丢掉了原则、在轻歌曼舞中丧失了人格、在"温水煮青蛙"中麻醉了意志。警惕小事、管住小节，不沾不义之财、不染不正之风，守住做人、处事、用权、交友的底线，如履薄冰、如临深渊地走好人生每一步。

《人民日报》2022年05月18日09版

> 常补精神之钙，勤掸思想之尘，多思贪欲之害，不断叩问初心、守护初心，不断自我净化、自我完善，甘于做一颗永不生锈的螺丝钉，就能让人迎面感受到不掺一丝污浊的清澈、不含一毫杂质的纯粹，抵达更高的人生境界。
>
> 《人民日报》2022年06月14日04版

PART 1

理想
信念

"凿井者，起于三寸之坎，以就万仞之深。"青年处于价值观形成和确立的时期，必须把坚定理想信念作为安身立命的主心骨、修身立业的"压舱石"，扣好人生第一粒扣子。

《人民日报》2022年06月24日11版

挫折与失败是坏事,但只要善于总结经验,失败就会转化为胜利。胜利是好事,值得高兴和庆贺,但若骄傲了甚至忘乎所以,胜利就会转化为失败。

《人民日报》2021年11月04日09版

PART 1

理 想
信 念

历史,一旦在长时段、长周期中展开,就能展现出岁月沉淀的厚重。百年党史之所以动人心魄,不仅因为它包含了如此多的壮烈牺牲、艰难探索,而且因为它用一百年的时间跨度展示着什么叫做薪火相传,什么叫做坚定不移。

《人民日报》2021年07月05日05版

坚定信仰具有不可阻挡的力量。一代代共产党人信仰坚定不移，凝聚在同一旗帜下，在接续奋斗中产生深厚情谊，聚合成无坚不摧的力量。毛泽东同志曾说，"主义譬如一面旗子，旗子立起了，大家才有所指望，才知所趋赴"。有了主义的旗帜，有了为主义而励志奋斗的人，就会生发出改造世界的强大力量。

《人民日报》2021年10月12日19版

理想信念

> 无论身在何处、身居何职，都应时常叩问初心，学习先进，与身边的同志互相激励，共勉同行。如此，信仰更加坚定，行动更有方向。
>
> 《人民日报》2021年10月12日19版

一个政党有了远大理想和崇高追求,就会坚强有力,无坚不摧,无往不胜;一名党员干部有了坚定的理想信念,就有了政治灵魂、政治定力,就能坚持正确政治方向,在胜利和顺境时不骄傲不急躁,在困难和逆境时不消沉不动摇,永葆共产党人政治本色。

《人民日报》2021年10月27日09版

PART 1

理 想
信 念

> 保持"君子检身,常若有过"的警醒,坚持问题导向,及时检视发现自身不足,做到知耻而后勇,才能不断滋养初心,增进勇毅前行的动力。
>
> 《人民日报》2022 年 08 月 01 日 06 版

青年阶段应以理想信念为航标锚定青春航向，激发向上向善、自强不息、开拓创新的青春伟力。理想信念内植在思想灵魂里，外显于言行举止特别是实际行动上。不能把理想信念当作口号喊，而要将其建立在对科学理论的深刻认同上，建立在对历史规律的正确认识上，建立在对基本国情的准确把握上，落脚到爱党爱国爱社会主义的坚定行动上。

《人民日报》2022年07月07日05版

PART 1

理想
信念

> 信仰,擦亮年轻的眼睛,点燃奋斗的火炬。理想信念永怀心间,就锚定了人生航向,就能为党和人民的伟大事业顽强奋斗、不懈奋斗。
>
> 《人民日报》2021年09月08日04版

心有所信，方能行远。信仰、信念、信心，任何时候都至关重要。信仰如灯塔，指引前行的道路；信念如压舱石，稳定乘风破浪的航船；信心如泉源，为战胜困难和挑战提供无穷的力量。小到一个人、一个集体，大到一个政党、一个民族、一个国家，有了信仰、信念、信心，就会充满自信，愈挫愈奋、愈战愈勇。

《人民日报》2021年09月10日09版

PART 1　理想信念

信仰如火炬，理想如明灯，烛照着共产党人的奋斗之路。艰难可以摧残人的肉体，死亡可以夺走人的生命，但没有任何力量能够动摇中国共产党人的理想信念。

《人民日报》2021年07月08日05版

没有理想信念,就会导致精神上"缺钙",坚定了理想信念,人生成长和事业进步才能获得坚实根基。

《人民日报》2021年09月08日04版

PART 1 理想信念

理想信念上信的真、守得住，才能为大公、守大义、求大我，经风雨、见世面、成大器。

《人民日报》2021年09月08日04版

伟大出自平凡，平凡造就伟大。只要有坚定的理想信念、不懈的奋斗精神，脚踏实地把每件平凡的事做好，一切平凡的人都可以获得不平凡的人生，一切平凡的工作都可以创造不平凡的成就。

《人民日报》2021年07月13日01版

PART 1

理想
信念

> 没有了战火硝烟的考验，但仍需赤胆忠心的锤炼。对党忠诚、不负人民，必须一心一意、一以贯之，必须表里如一、知行合一，任何时候任何情况下都不改其心、不移其志、不毁其节。
>
> 《人民日报》2021年07月13日05版

信仰如同北辰,如同灯塔,始终为奋斗前行提供价值导航、思想引领和动力来源。信仰不是空洞或抽象的,而是有着深刻的理论基础;信仰也不是遥远或虚无的,而是与阶段任务紧密相连。

《人民日报》2021年06月15日05版

PART 1

理想信念

保持清醒和自觉，时刻严格约束自己，是一种高尚素养与修为。"吾日三省吾身""君子求诸己，小人求诸人""律己则寡过，绳人则寡合"……古往今来，严于律己、以高标准要求自我，成为无数仁人志士的追求。"修己以安人"尤为重要。正所谓："不能正其身，如正人何？"

《人民日报》2021年06月18日04版

"欲事立，须是心立。"理想信念是共产党员精神上的"钙"，一个人理想信念坚定，骨头就硬；理想信念缺失，或者理想信念不坚定，精神上就会"缺钙"，就会得"软骨病"，就容易在考验面前迷失方向。

《人民日报》2021年06月25日13版

崇高信仰、坚定信念不会自发产生，需要不断培植、时常滋养。

《人民日报》2021年06月25日13版

做人就应该学习松树的坚定性、坚韧性，无论遇到什么样的考验，都要心存定力、站稳脚跟，风吹不转向，浪打不迷航；无论遇到什么样的困难，都要无所畏惧、勇往直前，"明知山有虎，偏向虎山行"，像挺拔的松树那样，巍然屹立天地间。

《人民日报》2021年04月08日04版

PART 1

理 想
信 念

> 新时代的舞台上处处刻印着青年奋斗的脚步,洋溢着青春火热的激情。无论你在祖国的哪个角落、从事什么样的工作,把理想和抱负熔铸在脚踏实地的前进征程中,当青年理想与历史使命同频共振,奏响的就是这个时代的最强音。
>
> 《人民日报》2021 年 05 月 22 日 07 版

人无信不可，民无信不立，国无信不威。诚信是一个人安身立命之本，彰显品格体现担当，是社会主义核心价值观的重要内容。一个个高举的诚信火炬发出的光芒，必将闪耀更多真诚的人格力量、激活全社会宝贵的无形资产，照亮未来的前行之路。

《人民日报》2021年03月02日05版

PART 1

理想信念

信仰如磐石，可破却不可夺其坚；如丹岩，可磨而不可夺其赤。

《人民日报》2021年03月16日10版

雄关漫道、战胜艰险,理应激荡信仰的力量,挺起脊梁、敢于担当,执着追求、坚定前行。有了雄健的精神,就一定能不断创造新的人间奇迹。

《人民日报》2021年03月16日10版

PART 1

理想
信念

玉非精琢难成器，铁经百炼而成钢。信仰信念的形成并非一日之功，既需要砥砺百折不挠、百炼成钢的毅力和意志，也需要在经受斗争历练、战胜诱惑挑战中增进定力和智慧。

《人民日报》2021年03月17日07版

珍惜名节操守,重在精心防护。拒绝诱惑、远离陷阱,才能让节操免受玷污。面对诱惑,识得破更要忍得过;遇到陷阱,看得见还要绕得开。

《人民日报》2021年03月23日04版

PART 1 理想信念

> 坚定理想信念是终身课题，需要常修常炼，要信一辈子、守一辈子。干部要成长，就必须用真理武装头脑，加强党性修养，筑牢信仰之基、补足精神之钙、把稳思想之舵。要把对马克思主义的信仰、对中国特色社会主义的信念作为毕生追求，在各自岗位上顽强拼搏，不断把为崇高理想奋斗的实践推向前进。

《人民日报》2021年09月03日01版

严以律己就要心存敬畏、手握戒尺，按规则、按制度行使权力，按要求、按纪律做人做事，坚持做到不敢腐、不能腐、不想腐。特别是，一时清廉不等于一世清廉，守纪遵法不能有任何喘口气、歇歇脚的念头。

《人民日报》2021年01月28日04版

PART 1

理想信念

对待生活小事,既不能以小视之,更不能麻木不仁,因为它既有可能成为思想决堤的"管涌口",也容易成为温水煮青蛙的"迷魂汤"。

《人民日报》2022年04月20日05版

"人才自古要养成,放使干霄战风雨"。人生的道路上不可能一帆风顺,年轻人很容易因受到挫折而气馁,但绝不能因此一蹶不振、自暴自弃。

《人民日报》2022年03月20日05版

PART 1

理想
信念

信方能守，
守源于信，
信得坚定，
方能守得坚定。

《人民日报》2021年10月27日09版

> 一个人境界高了，格局大了，不仅能提高抵御诱惑的定力、树立坚持原则的正气，还能增强许党报国、履职尽责的干事热情。
>
> 《人民日报》2022年01月21日04版

PART 1

理想
信念

> 百年峥嵘，一个个"不可能"之所以变成"可能"，靠的就是在黑暗中相信光芒、在绝境中开辟新路的力量。
>
> 《人民日报》2021年07月08日05版

践行初心，就不会迷失方向，就会有明确的价值指向；担当使命，就不会精神懈怠，就会有强大的奋斗动力。

《人民日报》2021年07月09日05版

理 想
信 念

> 青年志存高远、信念坚定，才能激发奋进潜力，青春岁月才不会像无舵之舟漂泊不定。
>
> 《人民日报》2022年05月31日09版

唯有精神上站得住、站得稳,才能在历史洪流中屹立不倒、挺立潮头。

《人民日报》2021年07月12日05版

PART 1

理想
信念

> 增强信心、保持定力、坚定底气，集中精力办好自己的事情，是我们战胜各种风险挑战的关键。
>
> 《人民日报》2022年05月12日05版

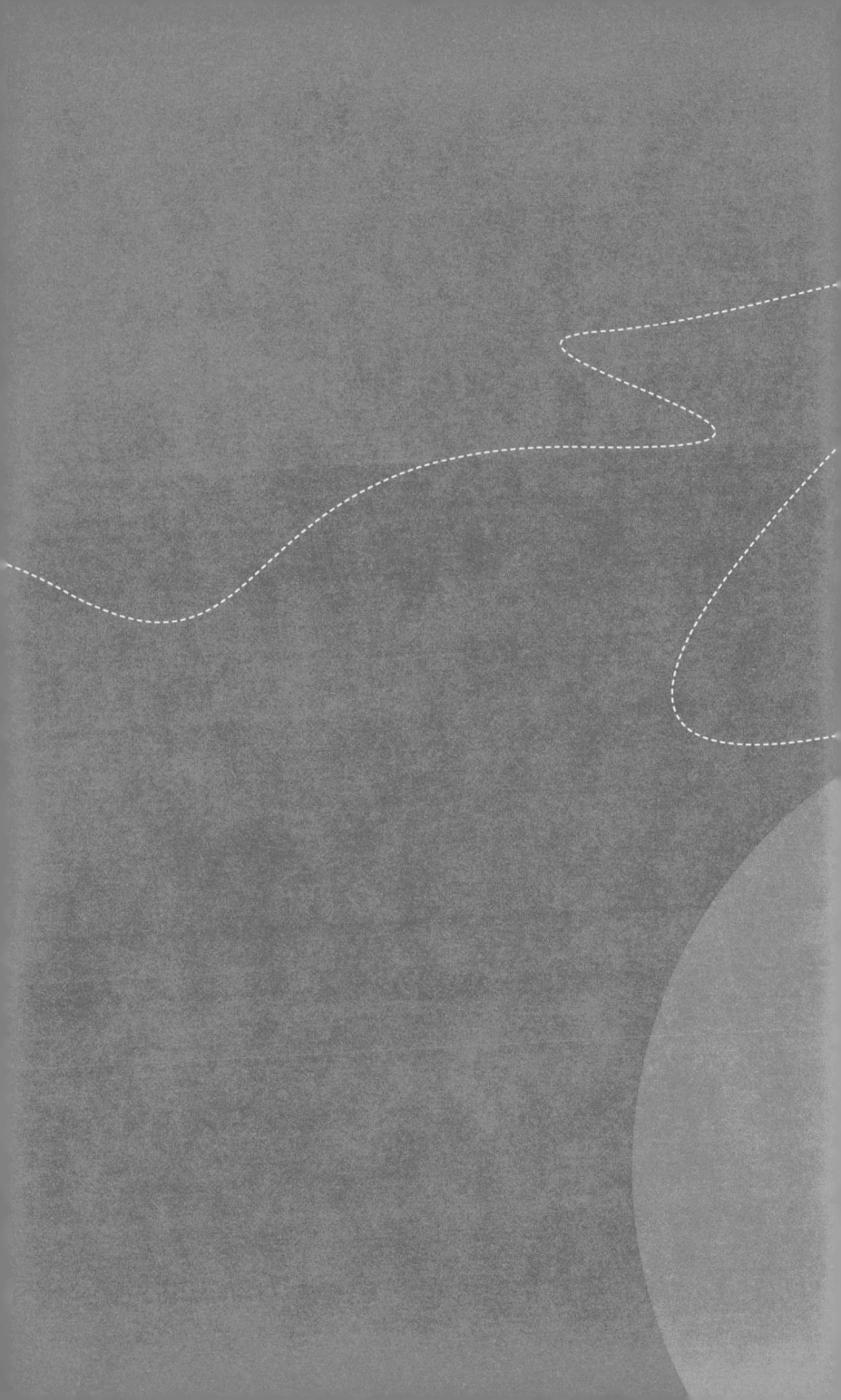

增强本领

ZENG / QIANG / BEN / LING

学习 本领 素养

PART 2

自满则败，自矜则愚。一个人毕竟耳目有限、思虑难周，听多了赞美夸奖之词、顺耳中听之语，就会难接受那些直接坦诚的谔谔之言。只有如"初学者"一般，拿出勤勉务实的态度、襟怀坦荡的风度、海纳百川的气度，才能跨过"满溢"之危，远离"骄娇"二气，有效解决矛盾问题，把工作做得更好。

《人民日报》2021年02月05日04版

增强本领

时间是最富意义的变量，也是最为公正的朋友，充满魔力而又见证沧桑。一个人对时间的认识，折射其精神气质；一个民族对时间的理解，展现其前行姿态。

《人民日报》2021年02月18日04版

真知蕴藏在好书中,就像沙石下面的泉水,掘得越深,泉水就越丰沛。

《人民日报》2022年06月14日05版

PART 2

增强
本领

爱读书必须读好书。做到开卷有益，要重视阅读名篇佳作，汲取真知灼见。经过时间沉淀的经典书籍，能点亮智慧之光，引领人生之路，让人受益终生。

《人民日报》2022年06月09日05版

"读书如树木，不可求骤长。"读书不能心浮气躁、浅尝辄止，要遵循学习规律，做到由浅入深、循序渐进。"学而不思则罔，思而不学则殆。"读书是一个不断思考、提升认知的过程，要坚持阅读与思考相结合，通过动脑将书本上的内容转化为自己的知识。"知者行之始，行者知之成。"学到的知识最终要运用于实践，要坚持阅读和实践相统一，把知识转化为能力，把书本所学用于解决问题。

《人民日报》2022年06月09日05版

PART 2

增强
本领

只顾着把时间填满，却"只见动作，不见前进"，那只会是瞎忙、空忙、白忙。真正的勤勉，从来不是盲目地忙，而是时时有所创造、事事有所成就、处处有所精进。前者只有勤勉之名，却往往无尺寸之功；后者才是名副其实，在不弃微末中收获成长。

《人民日报》2021年01月28日07版

任何人都不可能轻轻松松地成才,要想干成一番事业,必须积极主动学习新知识新思想,不断提升专业素养、丰富专业知识、提高专业能力、增强专业本领。

《人民日报》2022年04月28日09版

PART 2

**增强
本领**

青年处于人生积累阶段，需要像海绵吸水一样汲取知识。珍惜大好学习时光，求真学问，练真本领，在学习阶段把基石打深、打牢，必将大有可为，也必将大有作为。

《人民日报》2022年05月17日05版

世间万物，成长最美。成长不仅限于"向上"，"向下"的努力同样至关重要。胡杨树根系发达，具有惊人的抗干旱、御风沙、耐盐碱能力，能顽强地生存繁衍于沙漠之中，被誉为"沙漠英雄树"。向下扎根，才能汲取向上生长的力量。

《人民日报》2022年04月26日04版

PART 2

增强
本领

胜利不会凭空出现,增强自身能力是关键。要加强学习,增强工作的科学性、预见性和主动性,避免陷入少知而迷、不知而盲、无知而乱的困境。

《人民日报》2022年05月17日05版

要更加崇尚学习，充分认识到学习是文明传承之途、人生成长之梯、政党巩固之基、国家兴盛之要，自觉把学习作为一种政治责任、一种精神追求、一种生活方式。

《人民日报》2022年05月17日09版

PART 2

增强
本领

在中国，耕读传家的传统深入人心、绵延不绝。孔子"韦编三绝"，陶渊明"每有会意，便欣然忘食"，李白"片言苟会心，掩卷忽而笑"，都体现了对读书的热爱。在视通万里、思接千载的阅读中，我们可以"观古今于须臾，抚四海于一瞬"，获得精神上的满足、视野上的开阔、情操上的陶冶。

《人民日报》2022年05月18日09版

要把阅读当成一种生活态度、一种工作责任、一种精神追求、一种境界要求，努力做到学以益智、学以励志、学以立德、学以修身，通过阅读培养道德，使阅读成为修身正己的强大动力。

《人民日报》2022年07月27日11版

PART 2

增强本领

非学无以广才,非学无以明识。好读书、读好书,能让人在与智者、先贤的对话中汲取养分、获得智慧。

《人民日报》2022年06月28日19版

青年时期学识基础厚实不厚实，影响甚至决定自己的一生。如饥似渴、孜孜不倦学习，既多读有字之书，也多读无字之书，才能为人生之路奠定坚实知识基础。

《人民日报》2021年12月09日05版

PART 2

增强
本领

立身百行，以学为基，学习可以增智长才、厚德明志。"玉不琢，不成器；人不学，不知义。"学习其实是一个不断发现自我的过程，它扩大了人的精神空间与思想容量，让我们的视野更加开阔，境界更加升华，心灵更加纯洁。所有的知识、智慧、才干、本领都是通过勤奋学习得来的。

《人民日报》2021年12月09日05版

任何一个创新创造，都需要更多的知识去支撑。依靠学习走向未来不是一句空话，而是在不断磨砺中总结出来的成长经验。学习不仅是时代的要求，也是青少年自身发展的需要。

《人民日报》2021年12月09日05版

PART 2

增强
本领

青少年时期在成长之路上，总会有许多困惑、许多烦恼、许多选择。当面临人生困惑的时候，用学习去启迪智慧、找寻答案。只有学习，才能避免陷入少知而迷、不知而盲、无知而乱的困境。

《人民日报》2021年12月09日05版

学习的要义,不仅在于掌握知识,更要善于把握事物的发展规律;不能满足于获取碎片化的知识,而要追求知识的"本真"与整体。在学习中"博学之,审问之,慎思之,明辨之,笃行之",善于"求真理、悟道理、明事理",才能获得真学问,练就真本领。

《人民日报》2021年12月09日05版

增强本领

学习一定要持有恒心。学习不是一时兴起，必须成为一种习惯，要认真地加以培养。

《人民日报》2021年12月09日05版

明了"学者非必为仕，而仕者必为学"的道理，以"知之者不如好之者，好之者不如乐之者"的态度对待学习，真正把学习作为一种追求、一种爱好、一种健康的生活方式，把崇高的使命感责任感转化为学习的持久动力，做到自觉学习、主动学习、终身学习。

《人民日报》2021年11月03日09版

> 在移动互联网高度发达、碎片化阅读和短视频浏览极为方便的当下,学习要有一股持之以恒的韧劲,远离浮躁、宁静致远,不走投机取巧、不劳而获的捷径,才能从持续的学习中获益。
>
> 《人民日报》2021年12月09日05版

PART 2

增强本领

勇于探索、锐意创新，才能获得实干的丰硕成果。没有"创新"的"实干"是墨守成规、固步自封，没有"实干"的"创新"是无源之水、无本之木。青年是常为新的，最具创新热情，最具创新动力。只有在各行各业"上下求索"，敢于探索创新、勇闯无人区，才能在实干中创造新的奇迹，面向未来、再立新功。

《人民日报》2022年05月29日05版

PART 2

增强本领

> 成功从来不是一蹴而就的,而是需要把每一件事情做细做好,把重复的事情做专做精,在守正创新中追求卓越,在精雕细琢中实现跨越。
>
> 《人民日报》2022年06月08日05版

学习是成长进步的阶梯,实践是提高本领的途径。青年正处于学习的黄金时期,应该把学习作为首要任务,作为一种责任、一种精神追求、一种生活方式,树立梦想从学习开始、事业靠本领成就的观念,让勤奋学习成为青春远航的动力,让增长本领成为青春搏击的能量。

《人民日报》2022年07月07日05版

PART 2

增强本领

　　书海里，有远比眼中更生动的风景。品读一本好书，如同与一位智者对话：顺境时，给你清醒；迷惘时，给你希望；挫折时，给你信心；追梦时，给你力量。以书籍为灯塔，人们不断开掘、延展生活的光谱。因为阅读，许多人超越庸常，积蓄了向上的力量。

《人民日报》2022年04月23日04版

无论起点高低,矢志创新就能超越自我;无论什么岗位,敢于突破就能创造精彩。对每个人而言,不问"出身"意味着看见自己的可能性,只要敢于尝试、保持努力,长期的坚持可以在未来某个时刻开出创新之花、收获创造之果。

《人民日报》2021年04月07日04版

PART 2

增强
本领

无论是坐在写字楼的隔间，还是挤上早晚高峰的地铁，在日常生活之外，人们还向往着诗和远方。书籍就好比是想象力的翅膀，让人们得以去俯瞰山川大地，去对视日月星辰。

《人民日报》2021年04月22日04版

读书提供了一个跳出来看待事物发展的宽广视野，一个从全周期认识事物的完整视角。这是一个重要的方法论。我们工作生活在当下，但如果我们仅凭当下来认识当下，则可能会产生"不识庐山真面目，只缘身在此山中"的偏差。因此，我们需要通过书籍打开一种上下五千年、纵横几万里的视野，从更长的历史周期获得完整而全面的认识。读书可以让人从一世来看一时、从全局来看一隅，从更多维度、更长周期来把握过去、当下和未来。

《人民日报》2021年04月22日04版

PART 2

增强
本领

> 顺境时读书,它会赋予你奋进的力量和清醒的思考;逆境时读书,它能带给你更多慷慨与辽阔。
>
> 《人民日报》2021年04月22日04版

通过阅读,人们往往能体验更开阔的人生境界。当职业发展遇到一时挫折,可以从那些伟大人物传记里受到"艰难困苦,玉汝于成"的激励;当工作生活面临一时困境,可以从各类书籍中获得"柳暗花明又一村"的启迪。通过读书,人的精神变得更加丰盈,心胸和视野变得更加宽广。

《人民日报》2021年04月22日04版

增强本领

阅读是以认知的力量去探测世界的广袤，借伟岸的灵魂来陪伴心灵的成长。阅读之于个人，如漫漫人生里的灯盏，照亮奋斗之路；阅读之于社会，如历史进程中的星光，辉映壮美的文明之虹。

《人民日报》2021年04月23日05版

腹有诗书气自华，一个人的气质里藏着读过的书、走过的路。阅读是看不见的精神修炼，是为人生绘就底色的事业。阅读往圣哲思，心灵深处不觉增添了参悟世界的思想之力；阅读唐诗宋词，胸中悄然生发俯仰天地的文化豪情；阅读红色经典，感悟革命先辈的家国情怀，心中自然涌起蹈厉抗争的斗争气概和为国为民的奋斗热情。各类经典著作浓缩了历史的精华、文明的智慧，每读一次都会有新的收获。阅读的回馈是丰厚的，含英咀华不仅口齿生香，思想和心志也会充满澎湃能量。

《人民日报》2021年04月23日05版

PART 2

增强
本领

人类的思想足迹有多远，阅读的空间就有多广；人类的精神维度有多丰富，阅读的世界就有多瑰丽。有书做伴，生命便不会失色暗淡；有书壮怀，灵魂便不会孤寂渺小。

《人民日报》2021年04月23日05版

阅读是历史的回望、心灵的净化，也是梦想的启示、希望的播撒；是思想的觉醒、精神的刷新，更是文明的接力、文脉的传承。因为阅读，我们不断成为更好的自己，也因为阅读，人类不断创造更美的世界。

《人民日报》2021年04月23日05版

PART 2

增强
本领

世间万物往往纷纭不定，人生在世难免起起落落，而阅读的陪伴最恒久也最温情。人们总能在阅读中得到慰藉和滋养，收获内心的充实和温暖。

《人民日报》2021年04月23日05版

"善学者尽其理,善行者究其难。"读书学习的最高境界,在于知行合一,成就更美好的自我。读书、明志、力行,才能读出如磐的理想信念,不畏浮云遮望眼,经受住各种斗争的考验;读出坚定的宗旨意识,俯首甘为孺子牛,默默付出、无私奉献;读出昂扬的苦干精神,千磨万击还坚劲,永葆披荆斩棘的斗志;读出创新的品格,勇立潮头敢为先,争当自立自强者。

《人民日报》2021年04月26日04版

PART 2

增强本领

古人云：士别三日，刮目相待。学习是解决能力不足、克服"本领恐慌"的不二法门，也是提高时间利用效率的强大引擎。在事业中有所成就的人，大都想尽各种办法掌握新技能，工作之外也通过进修、社交等方式给自己"充电"。不断拓展认知的疆界，保持能力的"持久续航"，才能做到心明眼亮、心中有数、忙而不乱，使时间过得更有效率、更有意义。

《人民日报》2021年03月19日07版

短绠难汲深井之水,浅水难负载重之舟。任何人都不可能轻轻松松地成才,要想干成一番事业,必须积极主动学习新知识新思想,练就过硬本领。

《人民日报》2022年03月20日05版

PART 2

增强本领

前进道路上,无论是平川还是高山,不管是晴日还是风雨,只要坚定理想信念,练就过硬本领,勇于创新创造,矢志艰苦奋斗,锤炼高尚品格,新时代中国青年一定能在激扬青春、开拓人生、奉献社会的进程中书写无愧于时代的壮丽篇章。

《人民日报》2022年04月29日04版

身处大有可为的新时代，无论从事何种工作，都要追求卓越，致广大而尽精微，以勤学长知识、以苦练精技术、以创新求突破，在肩负时代重任时行胜于言，在真刀真枪的实干中成就一番事业。

《人民日报》2022年04月19日05版

PART 2

增强
本领

成功的背后,永远是艰辛努力。不管从事何种职业,青年人都要经过勤学苦练,才能从稚嫩到成熟,最终有所成就。

《人民日报》2021年11月21日05版

高超的本领，源自潜心的学习。"学如弓弩，才如箭镞。"青年处于人生积累阶段，需要像海绵吸水一样汲取知识。要惜时如金、孜孜不倦，下一番心无旁骛、静谧自怡的功夫，又要突出主干、择其精要，努力做到又博又专、愈博愈专。

《人民日报》2021年11月21日05版

PART 2

增强本领

练就过硬本领,还需要在实践中增长才干。刀在石上磨,人在事上练,不经风雨、不见世面是难以成大器的。

《人民日报》2021 年 11 月 21 日 05 版

知者行之始,行者知之成。不论学习还是工作,都要面向实际、深入实践;都要严谨务实、苦干实干。

《人民日报》2021年11月21日05版

PART 2

增强
本领

> 世态万千，纷繁复杂，掌握实情并非易事。现象层面的累积，并不能呈现出事实的全部，甚至可能影响人作出判断；在某个时间、某个地点得出的结论，在其他时间、其他地点未必同样适用。这意味着我们既要注重调查研究、了解实际，还要增强"求是"的本领，要在深入分析思考上下功夫，去粗取精、去伪存真，由此及彼、由表及里，找到事物的本质和规律，找到解决问题的办法。

《人民日报》2021年11月23日19版

机遇稍纵即逝，等待和迟疑只会错失机遇窗口，留下无穷遗憾。在机遇面前必须主动出击，不犹豫、不观望，增强锚定既定奋斗目标、意气风发走向未来的勇气和力量，在担当和斗争中抓住机遇，推动各项事业向前发展。

《人民日报》2022年04月25日09版

PART 2

增强
本领

成长无捷径可走，只有经受严格的思想淬炼、政治历练、实践锻炼、专业训练，在复杂严峻的斗争中经风雨、见世面、壮筋骨，才能真正锻造成为烈火真金。越是困难大、矛盾多的地方，越是形势严峻、情况复杂的时候，越能练胆魄、磨意志、长才干。

《人民日报》2021年09月07日01版

无论处于什么样的工作岗位，注重实际、实事求是都是办成事、办好事的重要方法论，都是解决实际问题的实招高招，都是成长成才的必由路径。

《人民日报》2021年10月27日09版

PART 2

增强
本领

讲实话、办实事，重在一个"实"字，贵在一个"真"字，必须动真情、察实情，扑下身子、沉到一线，"身入"基层，"心到"基层，听真话、察真情，把情况摸实摸透；以真心实意、真情实感为基层办事、为群众谋利；坚持从实际出发、实事求是，找准的路坚持走，认准的事坚持做。

《人民日报》2021年09月24日09版

在干事创业过程中，如果只是忙忙碌碌、机械做事，就容易少知而迷、无知而乱，陷入事务主义；如果总是纸上谈兵、夸夸其谈，则容易脱离实际、陷于"客里空"。只有把学和做结合起来，坚持学思用贯通，做到知信行统一，把自己摆进去、把职责摆进去、把工作摆进去，才能增长知识、锤炼品格、提升本领。

《人民日报》2021年09月28日09版

PART 2

增强本领

在干中学,学习才有实践根基、才能开拓未知边界;在学中干,实干才有理论指导、才能得到专业支撑。

《人民日报》2021年09月30日04版

一分耕耘一分收获，但知识不会从天而降，能力也不会自动提高。决定收获大小、提高快慢的，很大程度上在于有没有真正上心用心，是不是善于总结思考。

《人民日报》2021年09月30日04版

> 沉下心来干工作,心无旁骛钻业务,干一行、爱一行、精一行,才能不断掌握新知识、熟悉新领域、开拓新视野,取得在干中学、学中干的实效。
>
> 《人民日报》2021年09月30日04版

PART 2

增强本领

青年是人生成长的重要时期，也是苦练本领、增长才干的黄金时期。正如水稻的生长分由苗而秀、由秀而实等几个阶段，人生的成长也有不同的时期，而青春恰如植物之"秀"——抽穗扬花的阶段，这一阶段能吸收多少养分，决定着以后所结出的"实"的大小。

《人民日报》2021年08月17日07版

PART 2

增强本领

不专注无以攻坚克难，不专注无以固本开新。在把坎坷之路铺成胜利坦途的所有筑梦力量中，专注力是至关重要的。有研究表明，科学家的优势不仅靠智力，更重要的是持之以恒的专注和勤奋，经过长期探索而在某个领域形成优势。

《人民日报》2021年06月03日04版

如今,知识更新速度不断加快、社会分工日益细化,新技术新模式新业态层出不穷,唯有勤奋学习、增长本领,才能为青春搏击积蓄能量。

《人民日报》2021年05月14日05版

PART 2

增 强
本 领

只要肯学肯干肯钻研，练就一身真本领，掌握一手好技术，每个人都能在劳动中发现广阔的天地，在劳动中体现价值、展现风采、感受快乐。

《人民日报》2021 年 10 月 11 日 01 版

> 创新，不问学历高低，但求千帆竞发；不问名气大小，惟愿百舸争流。
>
> 《人民日报》2021年04月07日04版

PART 2

增强
本领

> 不问出身，无问西东，创新的赛道向每个人敞开，谁都可以跑出属于自己的一棒。
>
> 《人民日报》2021年04月07日04版

人们往往本能地倾向于停留在自己感到舒适的地方,乐于使用自己习惯的思维方式去思考和行事。克服"事务主义",就必须全力走出思维方式和行为习惯的舒适区,围绕设定好的重点目标任务安排时间和精力。杂乱无章必然效率低下,分清轻重缓急,做到主次分明,才能让每一分钟都有价值。

《人民日报》2021年03月19日07版

PART 2

增强本领

所谓"勤勉多岁月",或许并不是说勤勉之人就能在人生中额外多一些时间,而是说把点滴时间用在有意义的地方,能让时间更加充实。当别人犹豫不前的时候,你已经在行动;当别人还在睡懒觉的时候,你已在学习充电;当别人选择放弃的时候,你依然在坚持……面对恒定流动的时间,不同的选择会被赋予不同的人生意义。

《人民日报》2021年01月28日07版

时间是公平的,它不会给任何人多一分,也不会给任何人少一秒;但时间也是有偏向的,惜时如金者往往会得到时间的奖励,虚掷光阴者则会徒留怅然。

《人民日报》2021年01月28日07版

PART 2

**增强
本领**

> 温室里长不出经得起风吹雨打的劲松,平静的海面练不出搏风击浪的水手。在吃苦耐劳中砥砺意志品质,在攻坚克难中锻造过硬本领,在知重负重中强化使命担当,是成长成才的必由之路。
>
> 《人民日报》2022 年 06 月 24 日 11 版

孔子庭训"不学礼无以立",诸葛亮诫子"静以修身,俭以养德",朱子家训"恒念物力维艰"……生动的家风箴言,蕴含着丰富的人生智慧与传统美德,早已融入中国人的血脉。欧阳修的《与十二侄》,司马光的《训俭示康》……一封封家书流传至今,成为跨越时空的家训经典。在中华传统文化的语境里,良好家风感召人向上向善,始终激扬着正能量。

《人民日报》2022年06月12日04版

PART 2

增强本领

> 青年磨砺本领技能，少不了"眼睛向下"，缺不得"身子下沉"。从实际出发，以脚踏实地的韧劲和干劲，坚持以奋进践初心、以实干显担当，不慕虚荣、不务虚功，方可练就过硬本领。
>
> 《人民日报》2022年07月07日05版

家风不仅关乎一身之进退、一家之荣辱,更关系到党风、政风、民风。从严律己、以身作则、率先垂范,保持高尚道德情操和健康生活情趣,本分做人、干净做事,用行动诠释"榜样是看得见的哲理"。

《人民日报》2022年06月12日04版

PART 2 增强本领

时刻自重自省。强化自我批评意识,守住内心、洁身自好、防微杜渐,不为名所累、不为利所困。

《人民日报》2022年05月25日09版

有的人作出一点小贡献，取得一点小成绩，就容易滋生骄傲自满情绪，热衷于评功摆好、表功"造势"，如此一来，人变得飘飘然，自然也就难以沉下心来做事。心存敬畏、虚怀若谷，才能奋发进取、干事成事。

《人民日报》2021年11月10日12版

PART 2

增强
本领

立德,就要明大德、守公德、严私德,既要加强道德修养,也要注重道德实践。广大青年要树立热爱祖国和人民的大德,同时也要从做好小事、管好小节做起,遵守社会公德,守住个人私德。增强规则意识和底线思维,严格遵纪守法。

《人民日报》2022年06月07日09版

中华民族素有"君子之心，常存敬畏"的传统。敬畏，能让人自律和自觉。"敬"会让人有所为，知晓自己应该做什么；"畏"又会让人有所不为，警告自己不该做什么。

《人民日报》2021年09月28日07版

PART 2 增强本领

"才者，德之资也；德者，才之帅也。"品德是为人之本，做人做事第一位的是崇德修身。"若无德，则虽体魄智力发达，适足助其为恶。"

《人民日报》2022年05月20日05版

也许，并非所有的独处都能使人宁静、所有的宁静都能让人快乐。但如果面对这样的宁静，甚至是孤独与寂寞，能够坚定信念、全身心投入，矢志坚守与奉献，也能收获不一般的人生意蕴。

《人民日报》2021年03月23日05版

PART 2

增强
本领

心态决定状态，心态影响效果。有这样一种"初学者"心态：不因为暂时的成功而沾沾自喜，也不因为一时的平凡而碌碌无为，像新人入门一样保持谦虚好学的态度和乐观开放的心胸，始终以新鲜感接纳新事物。葆有"初学者"心态，一个人就能面对批评虚怀若谷，面对挫折勇往直前，面对成绩谦虚内敛。

《人民日报》2021年02月05日04版

越是隐蔽的地方越是明显,越是细微的地方越是扎眼。而最隐蔽最细微的地方,也最能检验一个人的品质。高尚的人在闲居独处、无人监督的时候,同样是谨慎的。

《人民日报》2022年04月20日05版

PART 2

增强
本领

> 正确的道德认知、自觉的道德养成、积极的道德实践是紧密结合、相辅相成的，一个人只有明大德、守公德、严私德，其才方能用得其所。
>
> 《人民日报》2022年05月20日05版

崇尚对党忠诚的大德,才能筑牢理想信念、认清大是大非;崇尚造福人民的公德,才能以人民为中心、以天下为己任;崇尚严于律己的品德,才能清清白白做人、干干净净做事。以大德铸魂、公德善心、品德润身,就能激发出更多向上向善的力量。

《人民日报》2022年05月20日05版

PART 2

增强
本领

只有把干净和担当、勤政和廉政统一起来，严守规矩、不逾底线，勤学苦练、增强本领，做到自身正、自身净、自身硬，确保既想干事、能干事，又干成事、不出事，才能成为可堪大用、能担重任的栋梁之才，不辜负党和人民期望和重托。

《人民日报》2021年09月06日01版

有人说,世界上最厉害的东西是"时间+复利"。为什么这么说?因为每天进步1%,一年之后的结果便是起初的37.78倍。一点点改变,一天天坚持,迟早会带来质的飞跃。

《人民日报》2021年06月03日04版

PART 2

增强
本领

"守少则固,力专则强。"剪去人生之树上不必要的"枝丫",主干才能充分吮吸养分,向上生长,叶茂枝繁。当专注成为习惯,就会内化为一种强大力量,支撑我们把每一件事做到极致,踏上事业精进之路。

《人民日报》2021年06月03日04版

有人善于利用时间，主动拥抱忙碌的生活，在充实的工作学习中收获成长。现代社会，忙碌往往是一种生活常态。完成工作任务需要恪尽职守地忙，攻克难关需要勇毅无畏地忙，实现梦想需要久久为功地忙。忙是干事的状态，更是成事的基础。

《人民日报》2021年03月19日07版

PART 2

增强本领

也有不少人，做事没有计划、工作没有主次、生活没有规律，常常处于"忙并焦虑着""忙并空虚着"的状态，到头来两手空空，原地踏步。问题出在哪里？忙而无序、忙而无益、忙而无功，显然是掉入了"事务主义"的陷阱。疲于应付当下，没有时间抬头看路，更没有动力打破自我，看似忙忙碌碌，实则像陀螺一样原地打转。

《人民日报》2021年03月19日07版

我们应该敬畏时间,因为它蕴藏着成功的密码。我们也需要学会掌握时间,让时间成为成功的加持、生命的给养。善于向时间要效率,不为繁琐事务所累,不为困难挑战所扰,时间就会成为实干者的朋友,助人创造出无限可能。

《人民日报》2021年03月19日07版

PART 2

增强本领

创新的价值,一方面在于"破冰",以一种全新的方式来处理问题,以一种全新的视角去认识世界,打破低效率的忙碌;另一方面在于"开源",认清自己的长处短板,挖掘自身能力兴趣,开辟锤炼能力的新赛道,开拓自我价值的新蓝海,从而让忙碌更有质量、更有效率。

《人民日报》2021年03月19日07版

从严要求自己，在名利问题上淡化再淡化。懂规矩守规矩，心有所畏、言有所戒、行有所止。给自己定几条铁律，告诫自己严格遵守，时刻铭记"初"不可轻犯、"小"不可轻视、"欲"不可轻为。年轻干部只有严守规矩，始终如一，坐得稳、行得正，才能经受住长期考验。

《人民日报》2022年06月28日09版

PART 2

增强本领

如果该提醒的不提醒,该批评的不批评,你好我好大家好,对的得不到彰显,错误受不到惩罚,就会影响干部成长,阻碍事业发展。在大是大非面前,讲原则不讲面子、讲党性不徇私情,才是一名共产党员应有的品格。

《人民日报》2022年07月12日05版

踏实做人、潜心干事,要有谦虚谨慎、虚怀若谷的胸襟。

《人民日报》2021年11月10日12版

PART 2

增强本领

甘于低调做人，是"桃李不言，下自成蹊"，是"非淡泊无以明志，非宁静无以致远"。克服浮躁情绪、摒弃私心杂念、潜心干事创业，像孔繁森一样，不以珍珠自诩，甘为泥土铺路，一个人终将在平凡中做出不平凡的业绩。

《人民日报》2021年11月10日12版

对本职工作的热爱，是一种朴素的职业情感。爱之愈深，则敬之愈真。爱岗，彰显的是乐业，展现的是执着。葆有这样的职业观，就会自觉把工作当事业干，将小我融进大我，在小舞台上演出大戏剧。

《人民日报》2021年02月04日04版

PART 2

增强
本领

> 只要有志向就会有事业，只要有本事就会有舞台。职业虽然有分工上的不同，但没有高低贵贱之别。三百六十行，行行出状元。任何职业都不会埋没人才，也不会束缚人的创造力，关键在于对待职业的态度。任何职业都是神圣的，尽职尽责才是天职。不管选择了什么职业，都要全力以赴地投入到工作中，真正做到干一行、爱一行、专一行、精一行。
>
> 《人民日报》2022年07月25日05版

在人的成长过程中,生存能力的增强、创新方法的获得等,都离不开知识的滋养。人们固然可以从实践中获取知识,也可以向他人学习知识,但通过阅读获取知识始终是一条重要途径。书籍记录着人们的实践经验和认识成果,人们通过阅读可以获得超越个人阅历局限的知识,进而推动思维方式、生产方式、生活方式不断进步。

《人民日报》2022年07月27日11版

PART 2

增强
本领

学习是进步的阶梯,好学才能上进,学好才有本领。要想在百舸争流、千帆竞发的洪流中勇立潮头,在不进则退、不强则弱的竞争中赢得优势,在报效祖国、服务人民的人生中有所作为,就要孜孜不倦学习。这是青年实现人生理想的途径,也是担当时代使命的要求。

《人民日报》2022年05月08日04版

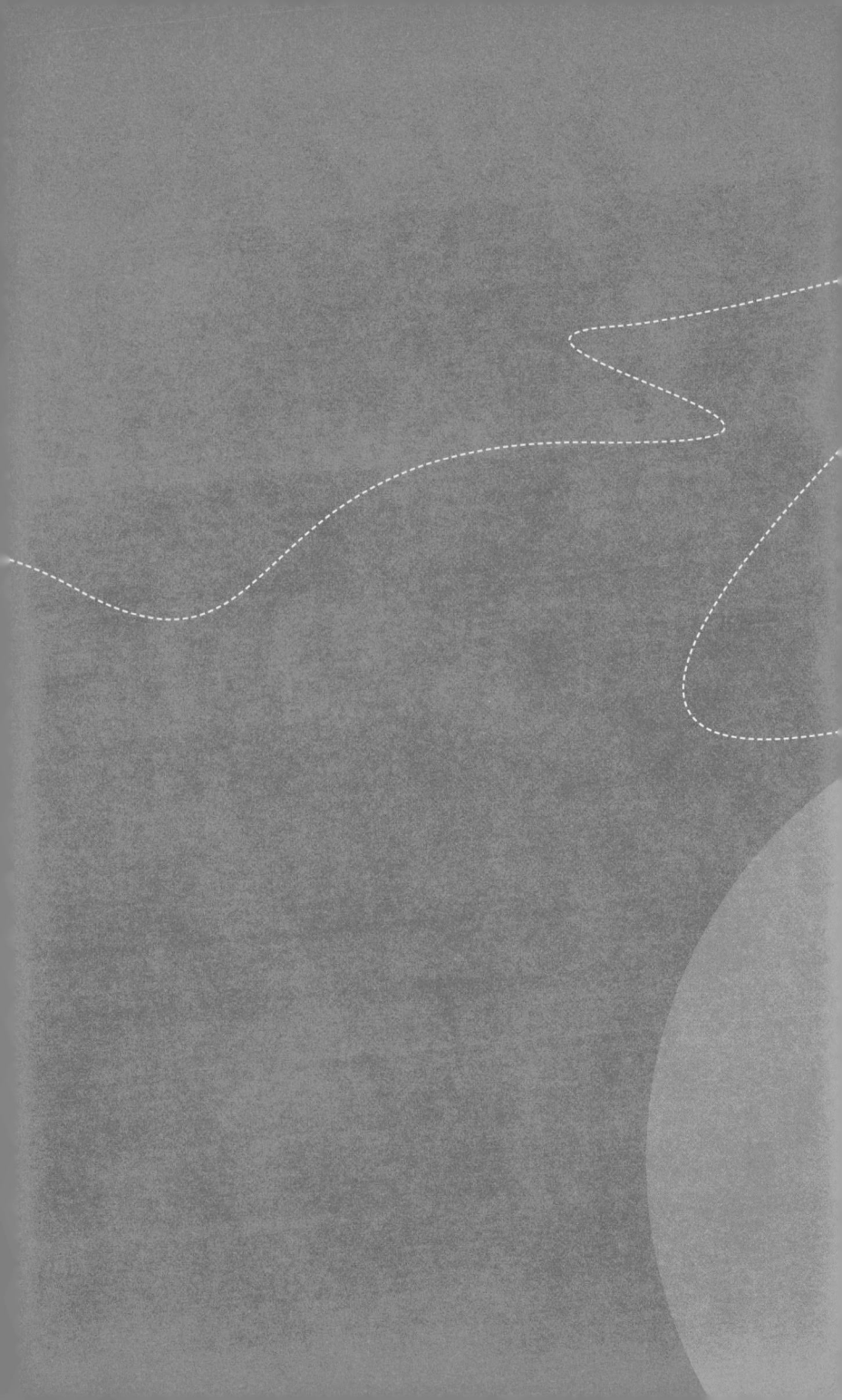

PART 3

勇敢担当

YONG GAN DAN

勇敢担当斗争

真正的生活，就是开拓。有志者事竟成，有坚强的事业心，人生才显得充实，精神才有所寄托，困难才得以克服，高峰才可能攀登。

《人民日报》2022年04月30日06版

勇敢担当

> 新时代中国青年不畏难、不惧苦，危难之中显精神，关键时刻见真章，总能够在祖国和人民需要的时候挺身而出，自觉扛起责任，无私奉献，无畏向前，彰显青年一代应有的闯劲、锐气和担当。
>
> 《人民日报》2022 年 05 月 04 日 04 版

越是伟大的事业,越是充满挑战,越需要知重负重、攻坚克难。关键时刻冲得上去、危难关头豁得出来,勇于善于攻坚克难,从来都是我们战胜一切艰难险阻的强大精神力量。

《人民日报》2022年05月17日05版

PART 3

勇敢担当

攻坚克难考验着啃硬骨头、涉险滩的勇气，需要打攻坚战、持久战的精神。惟久久为功者进，惟持续发力者强，惟奋勇搏击者胜。越是狭路相逢，越需要激发"越是艰险越向前"的英雄气概，保持"千磨万击还坚劲"的昂扬斗志。

《人民日报》2022年05月17日05版

"人间万事出艰辛"。志从苦中砺，才从苦中长，功从苦中建。不畏劳苦，迎难而上，当有"胸中怀有大目标，泰山压顶不弯腰"的气概，以燃烧的奋进激情，勇攀新高峰；当有"千淘万漉虽辛苦，吹尽狂沙始到金"的意志，以非凡的创新创造，实现新突破；当有"长风破浪会有时，直挂云帆济沧海"的信念，以冲天的英勇气势，夺取新胜利。

《人民日报》2021年03月15日04版

PART 3

勇敢担当

"世上无难事,只怕有心人。"认真是一种态度,也是一种能力。做任何事情都会遇到困难,如果不认真,困难不仅无法解决,甚至可能越变越大;但只要认真起来,去想问题、找对策,总能找到解决问题的方式方法,战胜前进道路上的各种"拦路虎"。

《人民日报》2021年11月16日05版

古人云："孤则易折，众则难摧"。同困难作斗争，是物质的角力，也是精神的对垒。面对可以预见的狂风暴雨和难以想象的惊涛骇浪，"众力并则万钧举"的团结之光不会失色，"风雨无阻向前进"的不懈奋斗永不过时。

《人民日报》2022年05月30日05版

PART 3

勇敢担当

要以敏锐的眼光观察社会，以清醒的头脑思考人生，在大是大非面前做到立场坚定，不信邪、不怕鬼、骨头硬。遇到急难险重任务敢于挺身而出，遇到危机风险勇于迎难而上，在经历风吹雨打中强健筋骨，在担重担难中磨砺本领，勇立时代潮头，争做时代先锋。

《人民日报》2022年06月07日09版

> 只要有想干事、敢干事、干成事的硬作风,就没有办不成的事情。
>
> 《人民日报》2021年10月13日05版

PART 3

勇敢
担当

> 千难万难，畏难才真难，干了就不难。
>
> 《人民日报》2021年10月26日05版

好人主义实为"害人主义"。奉行好人主义的人,没有公心、只有私心,没有正气、只有俗气,好的是自己,坏的是风气、是事业。"一团和气、好好先生、你好我好大家好,这不是团结,而是涣散,也是一种麻痹。"一个单位如果"好好先生"大行其道,人心就会涣散,邪气就会滋长,各种团团伙伙、是是非非就会"剪不断,理还乱",就会让"千里马"歇步、"老黄牛"吃亏。

《人民日报》2021年09月13日04版

PART 3

勇敢
担当

> 坚韧是一种宝贵的意志品格，蕴含着攻坚克难、奋发进取的动力。在遭遇困难与压力时坚决不退缩，在面对危险与灾难时拥有耐受力，千磨万击还坚劲、越是艰险越向前，这种坚定、执着、勇毅，正是对坚韧最好的诠释。
>
> 《人民日报》2021年09月02日04版

"盖天下之事,不难于立法,而难于法之必行;不难于听言,而难于言之必效。"原则是方向、规矩、底线,讲原则不讲面子,就应知行合一、不弃微末,从一点一滴做起,用行动诠释"法之必行""言之必效"。

《人民日报》2021年09月23日04版

勇敢担当

越是接近民族复兴越不会一帆风顺，越充满风险挑战乃至惊涛骇浪。正因如此，我们决不能丢掉革命加拼命的精神，决不能丢掉谦虚谨慎、戒骄戒躁、艰苦奋斗、勤俭节约的传统，决不能丢掉不畏强敌、不惧风险、敢于斗争、敢于胜利的勇气。

《人民日报》2021年08月06日07版

肩负起砥柱中流的使命与担当,需要不懈奋斗,拼搏向前。青年运动先驱恽代英有言,"青年最要紧的精神,是要与命运奋斗。"

《人民日报》2021年08月29日05版

PART 3

勇敢
担当

坚持一时或许是激情使然，坚持一世则是对意志力、忍耐力的综合考验。一个专注做事的人，必然是一个能够管好内心欲望、调适个人和外界关系的人。

《人民日报》2021年06月03日04版

干事创业,贵在不畏艰险、迎难而上。带着"一股子热劲儿"面对问题、研究问题,那么再大的难题也有解决办法。

《人民日报》2021年06月21日04版

PART 3

勇敢担当

> 惰性思维让人困于舒适区，沉溺安逸、不思进取，最终如"温水煮青蛙"。"志不求易，事不避难"，唯有勇于担苦、担难、担重、担险，才能跳出舒适区，才能用自己的辛苦换群众的幸福。
>
> 《人民日报》2021年05月19日04版

越是面对艰难困苦,越不能退缩让步,越需要激发非凡定力和必胜勇气。不畏艰苦、不避艰苦,适应艰苦、战胜艰苦,通过吃苦锤炼党性、砥砺初心、提高能力、建立功业,才能不辜负新时代,创造新辉煌。

《人民日报》2021年05月21日04版

PART 3 勇敢担当

> 一个人的价值不在于获得了多少，而在于为社会贡献了多少。
>
> 《人民日报》2022 年 04 月 17 日 05 版

谋大事必须观察大势，开新局必须胸怀大局。始终葆有胸怀大局的眼界、志存高远的境界、为国争光的担当，既登高望远、掌握主动，又脚踏实地、奋进拼搏，必能汇聚起无坚不摧的磅礴力量。

《人民日报》2022年04月14日05版

PART 3

勇敢担当

> 在担当中历练,在尽责中成长,是新时代中国青年的亮丽底色。不论是成就自己的人生理想,还是担当时代的神圣使命,青年必须珍惜韶华、不负青春。
>
> 《人民日报》2022年05月16日05版

中华民族具有敢于担当和斗争的优良传统，这是中华民族历经磨难而始终生生不息向前发展的强大精神力量。"士不可以不弘毅，任重而道远""善战者，立于不败之地""天下兴亡，匹夫有责""苟利国家生死以，岂因祸福避趋之"等名言警句广为传诵，体现了中国人勇于担当、敢于斗争的精神。

《人民日报》2022年03月28日09版

PART 3

勇敢
担当

面对新形势新挑战，要真抓实干，在机遇面前主动出击，不犹豫、不观望；在困难面前迎难而上，不推诿、不逃避；在风险面前积极应对，不畏缩、不躲闪。

《人民日报》2022年03月22日19版

心底无私天地宽。有了无私的品格，才有担当的自觉和斗争的勇气，才能做到在急难险重任务来临时冲得上去，在风浪挑战来临时绝不退缩，在诱惑考验面前头脑清醒。

《人民日报》2022年03月28日09版

PART 3

勇敢担当

只有强化担当作为的自觉，将担当精神内化于心、外化于行，以永不懈怠的精神状态和一往无前的奋斗姿态，做好知重负责的勤务员、攻坚克难的攀登者、谋事成事的实干家，才能在新时代新征程上留下许党报国、青春无悔的奋斗足迹。

《人民日报》2022年03月30日09版

干工作认不认真、负不负责、细不细致，成效大不一样。对任何一项工作、一个项目、一件实事，都不能有马马虎虎、敷衍了事的态度，而是要以最饱满的精神状态、最严谨务实的工作作风去做好做实。如果得过且过，无所用心，只求"过得去"，不求"过得硬"，那是办不好事情的。

《人民日报》2021年11月16日05版

PART 3

勇敢担当

明底线、守规矩,慎独慎初慎微慎友,真正做到忠诚、干净、担当,不断增强坚持原则的底气与骨气。

《人民日报》2021年11月15日09版

民之所望,政之所向;攻坚克难,方显担当。让老百姓过上好日子是我们一切工作的出发点和落脚点。

《人民日报》2021年10月13日05版

PART 3

勇敢担当

> 原则问题无小事，不容小视、不能模糊。如果在原则上发生错误且听之任之，就容易发生一系列实际问题上的错误。只有从多方面塑造敢于坚持原则的品格，切实增强敢于坚持原则的气魄，才能更好肩负起时代赋予的责任与使命。
>
> 《人民日报》2021年10月19日05版

摒弃私心杂念,增强敢于坚持原则的底气。古人言:"见小利,不能立大功;存私心,不能谋公事。"跳出个人名缰利锁的束缚,时刻秉持一颗公心,就会有敢于坚持原则的底气。

《人民日报》2021年10月19日05版

PART 3

勇敢担当

坚持原则、按规矩办事，往往会遇到很多压力，甚至遭受委屈。越是在这样的情况下，越需要发扬压力面前不低头、坚持原则不动摇的精神，越应当坚定战胜歪风邪气的信念和决心。

《人民日报》2021年10月19日05版

> 无论是干事创业还是攻坚克难,不仅需要宽肩膀,也需要铁肩膀;不仅要有责任担当之勇,也要有破解难题之智。只有勇于挑重担子、啃硬骨头、接烫手山芋,才能磨砺出担当重任的真本领。
>
> 《人民日报》2021年10月21日07版

PART 3

勇敢担当

坚韧的品质不是与生俱来的，不弃微末、不舍寸功，有滴水穿石的坚持和耐心，才能培养韧性。古人言：人须在事上磨，方立得住。要想成就一番事业，惟有多锤炼、多摔打，能吃苦、肯拼搏，脚踏实地、一步一个脚印前行。

《人民日报》2021年09月02日04版

这能力那能力，不落实就等于没能力；千忙万忙，不抓落实就是瞎忙。

《人民日报》2022年04月12日19版

PART 3

勇敢担当

> "胜人者有力,自胜者强"。最非凡的成功,不是超越别人,而是战胜自己;最可贵的坚持,不是久经磨难,而是永葆初心。
>
> 《人民日报》2022年02月28日05版

> 随波逐流只能是枉自一生，若能做一朵小小的浪花奔腾，呼啸加入献身者的滚滚洪流中推动历史向前发展，才是一生中最值得骄傲和自豪的事情。
>
> 《人民日报》2021年09月08日04版

PART 3

勇敢
敢当

> 一切与困难作的斗争，既是物质的角力，也是精神的对垒，既是实力的较量，也是定力的比拼。
>
> 《人民日报》2021年04月09日04版

激发知重负重的担当,成长就有了筋骨。

《人民日报》2021年04月16日04版

PART 3

勇敢担当

> 面对一系列风险，过太平日子、不想斗争是不切实际的，得"软骨病"、患"恐惧症"是无济于事的。果断出手，该斗争时就斗争，才能化险为夷、求得发展。
>
> 《人民日报》2022年04月01日09版

要挺起脊梁、冲锋在前,奔着矛盾问题和风险挑战进行斗争,讲求策略方法和斗争艺术,培养和保持顽强的斗争精神、坚韧的斗争意志、高超的斗争本领,做敢于斗争、善于斗争的战士,更好肩负起新时代的职责和使命。

《人民日报》2022年03月30日09版

PART 3

勇敢担当

> 实现伟大的理想，没有平坦的大道可走。未来的道路，我们还有许多"雪山""草地"要跨越，还有许多"娄山关""腊子口"要征服，这就要求我们发扬斗争精神，增强斗争本领，以"踏平坎坷成大道，斗罢艰险又出发"的顽强意志，应对好每一次重大风险挑战。
>
> 《人民日报》2021年12月14日19版

刀在石上磨，人在事上练。不论在哪个岗位、担任什么职务，都要勇于担当、攻坚克难，培养顽强的斗争精神，淬炼坚韧的斗争意志，锻炼高超的斗争本领。决不能碰到一点挫折就畏缩不前，一遇到困难就打退堂鼓。要多经历风吹浪打，多当几回"热锅上的蚂蚁"，拿出逢山开路、遇水架桥的魄力，练就敢于斗争、善于斗争的真本领。

《人民日报》2021年11月02日09版

PART 3 勇敢担当

原则问题上的铁面，是真正的情面；原则问题上的不让步，方是进步。

《人民日报》2021年09月23日04版

讲原则，就要在是与非、对与错、好与坏、公与私等问题上，勇于亮明自己的态度、立场和观点；对则对、好则好、行则行，不躲闪、不回避、不暧昧。

《人民日报》2021年09月23日04版

PART 3

勇敢担当

"生于忧患，死于安乐。"在舒适区里安逸自得，意志与斗志会被慢慢消耗。早早意识到并跳出舒适区，下好先手棋，打好主动仗，才能获得先发优势。

《人民日报》2021年05月19日04版

走出舒适区,首先是走出思想的舒适区,具有一种反求诸己、检身若不及的自我要求,保持以今日之我伐昨日之我的心态,做到吾日三省吾身;保持一种本领恐慌的意识,经常查找不足、补齐短板。

《人民日报》2021年05月19日04版

PART 3

勇敢担当

> 作为整个社会力量中最积极、最有生气的力量,青年是不是敢于斗争、善于斗争,关系国家和民族的前途命运。新时代中国青年的斗争精神,就体现在与困难角力、与阻力对垒,战风斗雨、闯关夺隘,克服不利条件去争取胜利,把"不可能"变成"一定能"。
>
> 《人民日报》2022年05月18日05版

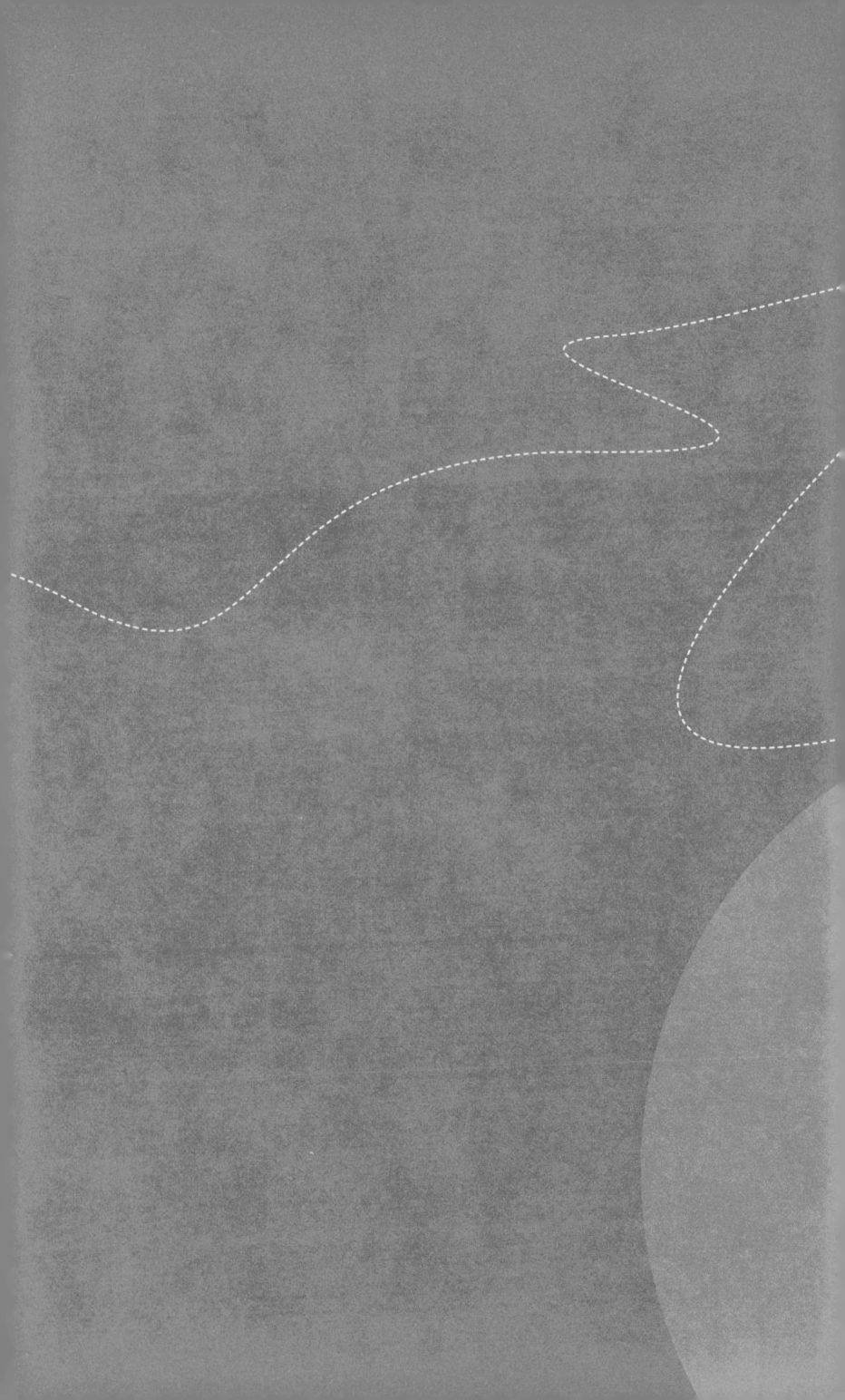

砥砺奋进

PART 4

DI LI FEN JIN

奋斗 拼搏 努力

躺平不可取,躺赢不可能,惟撑篙不已方能逆水行舟,惟奋斗不止方能冲出重围。

《人民日报》2022年06月09日04版

PART 4

砥砺
奋进

> 千难万难,只要重视就不难;大路小路,只有行动才有出路。
> 《人民日报》2022年06月09日04版

> 坚持就是胜利,坚持才会胜利,坚持定能胜利。
>
> 《人民日报》2022年07月14日05版

PART 4

砥砺奋进

自信自强,来自于不怕苦、不怕难的积淀。宝剑锋从磨砺出,梅花香自苦寒来。任何美好理想,都离不开筚路蓝缕、手胼足胝的艰苦奋斗。

《人民日报》2022年04月17日05版

很多事情常常是当下打基础，经过不懈努力，久久为功，日后才可能开花结果，如同起高楼，地基部分深藏地下、不显山露水，但作用大、必不可少。因此，干事创业需要保持历史耐心、具有长远眼光，秉持一张蓝图绘到底的决心和信念。

《人民日报》2022年03月22日19版

PART 4

砥砺
奋进

> 幸福都是奋斗出来的。曾经的风雨兼程化作春风细雨，润泽每一个怀揣梦想的人。在这个可敬可爱的时代里，我们用奋斗擦亮人生，让梦想照进现实。
>
> 《人民日报》2022 年 04 月 08 日 05 版

在奋斗中释放青春激情、追逐青春理想，以青春之我、奋斗之我，为民族复兴铺路架桥，为祖国建设添砖加瓦，广大青年生逢其时，也重任在肩。

《人民日报》2022年04月27日05版

PART 4

砥砺奋进

那些在劈波斩浪中开拓前进的青春担当，那些在披荆斩棘中开辟天地的青春奋斗，那些在攻坚克难中创造业绩的青春奉献，终将成为人生的宝贵财富，汇成时代的无限精彩。

《人民日报》2022年04月29日05版

奋斗的道路不会一帆风顺,往往荆棘丛生、充满坎坷。强者,总是从挫折中不断奋起、永不气馁。

《人民日报》2022年04月29日05版

PART 4

砥砺
奋进

> 同人民一起奋斗，青春才能亮丽；同人民一起前进，青春才能昂扬；同人民一起梦想，青春才能无悔。
>
> 《人民日报》2022年05月04日04版

> 有风有雨是常态,风雨无阻是心态,风雨兼程是状态。
>
> 《人民日报》2022年02月23日05版

PART 4

砥砺
奋进

> 人的一生只有一次青春，青春是用来奋斗的。只有进行了激情奋斗的青春，只有进行了顽强拼搏的青春，只有为人民作出了奉献的青春，才会留下充实、温暖、持久、无悔的青春回忆。
>
> 《人民日报》2022 年 04 月 28 日 04 版

艰难困苦，玉汝于成。奋斗是艰辛的，然而，没有艰辛就不是真正的奋斗。可以说，奋斗本身就是一种幸福。只有奋斗才能成就更美好的明天、实现更好的自己，也只有奋斗的人生才称得上幸福的人生。

《人民日报》2022年05月04日01版

PART 4

砥砺奋进

人生是一场马拉松，比的不仅是速度，还有耐力。当你越过起跑线，发现前方已身影重重时，不要灰心丧气，长路漫漫，还有足够的时间供你调整状态。要相信，初入职场的失意、迷茫，只是暂时的。只要放平心态，从工作中汲取经验教训，等你度过这段平台期，就会发现一切便豁然开朗，当初遇到的挫折和失败也可以成为人生的宝贵财富。

《人民日报》2021年02月07日05版

人间万事出艰辛,劳动是一切幸福的源泉。崇尚劳动、热爱劳动、辛勤劳动、诚实劳动,是人生出彩的金钥匙,也是创造美好生活的必经之路。

《人民日报》2022年05月16日05版

PART 4

砥砺
奋进

要想让青春结出累累硕果,就必须立足本职埋头苦干,从自身做起,从点滴做起,不断开辟事业发展新天地。

《人民日报》2022年05月19日05版

今天,我们的生活条件好了,但奋斗精神一点都不能少,永久奋斗的好传统一点都不能丢。无论处于什么样的环境,无论处于什么样的人生起点,都要依靠辛勤努力,创造属于自己的人生精彩。

《人民日报》2022年05月19日05版

PART 4

砥砺奋进

"勤俭为本，自必丰亨；忠厚传家，乃能长久""有志尚者，遂能磨砺，以就素业"……这些流传下来的家风家训，体现着古人对治家、育人的深刻思考，生动表达了团结奋斗对家庭兴旺的重要作用。奋进新征程，需要传承弘扬团结奋斗的家风，鼓励家庭成员共同奋斗、和谐上进，以千千万万个团结奋斗的家庭为全社会团结奋斗筑牢根基。

《人民日报》2022年07月19日11版

行百里者半九十。人类的美好理想，都不可能唾手可得，都离不开手胼足胝、焚膏继晷的艰苦奋斗。

《人民日报》2022年03月20日05版

PART 4

砥砺奋进

要牢记"空谈误国、实干兴邦"的道理，脚踏实地、求真务实，吃苦在前、享受在后，甘于做一颗永不生锈的螺丝钉，勇做走在时代前列的奋进者、开拓者、奉献者，毫不畏惧面对一切艰难险阻，用青春汗水创造出让世界刮目相看的新奇迹。

《人民日报》2022 年 05 月 31 日 09 版

> 讲认真是做人做事应有的态度，也是做好工作、成就事业的前提。
>
> 《人民日报》2021年11月16日05版

PART 4

砥砺
奋进

> 每一个孜孜不倦的奋斗身影背后，都有一颗不服输、不放弃的追梦之心。立志当高远，立志还需躬行，扎扎实实干，点点滴滴做，才能干有所成。新时代是实干家、奋斗者的时代，脚踏实地、艰苦奋斗，行而不辍、不弃微末，一切美好的东西都能够创造出来，每个人都可以抵达向往的远方。
>
> 《人民日报》2022年06月08日05版

劳动没有高低贵贱之分，任何一份职业都很光荣；社会主义是干出来的，新时代是奋斗出来的，人民的幸福生活是靠一点一滴创造得来的；只要踏实劳动、勤勉劳动，在平凡岗位上也能干出不平凡的业绩。

《人民日报》2021年10月03日01版

PART 4

砥砺
奋进

> 奋斗需要在做好每一件小事、完成每一项任务、履行每一项职责中见真章。把理想抱负熔铸于脚踏实地的奋斗，不驰于空想，不骛于虚声，在实干中实现人生价值。
>
> 《人民日报》2021年10月24日06版

奋斗不仅要靠激情支撑，更要靠汗水浇灌。奋斗之路不会一马平川，有坦途也有陡坡，有平川也有险滩。克服奋斗路上的困难，要有恒久的坚持、踏实的付出，还要有敢闯敢干的勇气、开拓进取的品格、百折不回的意志。生长在和平年代的我们，面对生与死的考验少了，但奋斗的逻辑没有改变，奋斗就要有奉献牺牲，奋斗就要经历千锤百炼。

《人民日报》2021年08月05日09版

PART 4

砥砺奋进

奋斗的道路不会一帆风顺，遇到急难险重、打击挫折在所难免，面对困难和压力时要有毫不畏惧、不断奋起的勇气，做经得起风雨的奋斗者。

《人民日报》2021年10月24日06版

新时代是奋斗者的时代，尤需逢山开路、遇水架桥的闯劲，尤需只争朝夕、不负韶华的拼劲。面向未来，我们已经走过千山万水，但仍须跋山涉水；新的长征路上，还会有一个个"娄山关""腊子口"需要攻克。一年接着一年干，一件接着一件办，始终葆有永不懈怠的精神状态和一往无前的奋斗姿态，永远保持"那么一股劲、那么一股革命热情、那么一种拼命精神"，就没有什么困难能够阻挡我们的前进步伐。

《人民日报》2021年08月12日07版

PART 4

砥砺
奋进

如何才能登上人生的领奖台？无数事实告诉我们，唯有拼搏，唯有奋斗。无数榜样启示我们，有信念、有梦想、有奋斗、有奉献，才是有意义的人生。奋力拼搏，方能摘取人生的桂冠；敢打敢拼，才能享有成功的荣耀。

《人民日报》2021年08月16日04版

温室里的幼苗长不成参天大树，只有到广阔原野中经风沐雨，才能成为栋梁之材。无论是个人成长还是国家发展，前进路上的坎坎坷坷，都需要用艰苦奋斗的意志品质来踏平。

《人民日报》2021年07月05日05版

PART 4

砥砺
奋进

"以今日之我，胜昨日之我"并非易事；奋斗的道路也不会一帆风顺，要克服许多新的困难。只有做起而行之的行动者、奋斗者、进取者，才能成就有意义、有价值的人生。

《人民日报》2021年07月20日07版

"夫志，气之帅也。"立鸿鹄志，做奋斗者，对个人而言是一种幸福，对民族而言则是一种力量。

《人民日报》2021年07月26日04版

PART 4

砥砺
奋进

在最美好的年纪，初入职场的你可能并没有感受到诗和远方，反而在各种压力下心绪波动，但请不要让一时的情绪模糊了奋斗的底色，不要因理想遥远而放弃追求。要坚信，只要把根基扎牢、坚持顽强生长，你积蓄的能量有一天一定会喷薄而出、令人刮目相看。

《人民日报》2021 年 02 月 07 日 05 版

不满足既有成绩,摒弃了守成心态,勇敢从舒适区走向荆棘路甚至无人区,实际上就是不给发展设限、不给未来划圈、不给梦想套上桎梏。

《人民日报》2021年05月19日04版

PART 4

砥砺奋进

> 社会的发展和进步,总是在艰辛的奋斗中取得的。
>
> 《人民日报》2021 年 06 月 02 日 04 版

奋斗的底子在精神。奋斗,无疑是人生在世的最曼妙的姿态、历史留存的最动人的色彩。

《人民日报》2021年04月06日04版

PART 4

砥砺
奋进

> 业精于勤荒于嬉，立足本职岗位勤勉工作，是一种职业操守、职业品格。勤劳、勤勉、勤恳，意味着务实奋斗。事业的成功，不是等得来、喊得来的，而是拼出来、干出来的。无论从事何种行业，都需要用奋斗铸就"最美"，以拼搏实现理想。
>
> 《人民日报》2021年02月04日04版

每一颗种子被播撒进土壤时,都带着开花的梦想,但在破土而出之前,它们要随时准备着承受烈日炙烤、寒潮侵袭,要面对无数的风雨。经不住考验者,永远埋在了土里,而那些奋力向下扎根、时刻汲取养分的种子,则终有一天会绚丽绽放。

《人民日报》2021年02月07日05版

PART 4

砥砺
奋进

越是在最吃劲的时候，越要有慎终如始的决心，越要有攻坚克难的毅力。

《人民日报》2022年05月10日01版

苦总是与"韧"相连。不怕苦、能吃苦,才能锻造出坚韧的意志。干事创业,没有安逸享乐的温室,只有艰苦奋斗的战场。

《人民日报》2021年03月15日04版

PART 4

砥砺奋进

历史从不等待犹豫者、懈怠者，只会眷顾奋进者、搏击者。

《人民日报》2022年04月01日09版

好事尽从难处得,辉煌总自磨砺出。

《人民日报》2022年06月09日04版

PART 4

砥砺
奋进

> 如果说时间是生命的表现形式，那么勤勉就是实现生命意义的必由之路。以梦想为帆，以勤勉作桨，百事可做，百业可成。
>
> 《人民日报》2021年01月28日07版

> 一个人只有树立正确的劳动观,才能真正理解劳动的本质和价值,准确掌握历史前进、社会运转的内在机理。劳动是光荣而高尚的,热爱劳动、不懈奋斗,一切美好的东西都能创造出来。
>
> 《人民日报》2022年05月16日05版

PART 4

砥砺奋进

人世间的美好梦想，只有通过诚实劳动才能实现；发展中的各种难题，只有通过诚实劳动才能破解；生命里的一切辉煌，只有通过诚实劳动才能铸就。

《人民日报》2022年05月16日05版

要以辛勤劳动为荣、以好逸恶劳为耻,通过诚实劳动来实现人生的梦想、改变自己的命运,任何时候任何人都不能看不起普通劳动者,都不能贪图不劳而获的生活。

《人民日报》2021年10月03日01版

PART 4

砥砺
奋进

面对这样一个千帆竞发、百舸争流、有机会干事业、能干成事业的时代，广大劳动群众一定要倍加珍惜、倍加努力。梦想属于每一个人，广大劳动群众要敢想敢干、敢于追梦。任何一名劳动者，无论从事的劳动技术含量如何，只要勤于学习、善于实践，在工作上兢兢业业、精益求精，就一定能够造就闪光的人生。

《人民日报》2021年10月03日01版

要想达到思有所悟、谋有所据、做有所成的水准,就要保持一事未了、寝食难安的状态,专注聚焦、持之以恒。美好的理想不会自动实现,胜利属于真正坚毅的人,成功属于不懈奋斗的人。

《人民日报》2021年09月02日04版

PART 4

砥砺奋进

"既然选择了远方,便只顾风雨兼程",只有经得起摔打、挫折、考验,才能成为奋斗路上的强者。

《人民日报》2021年10月24日06版

力量生于团结，幸福源自奋斗；团结才能胜利，奋斗才会成功。

《人民日报》2022年08月06日01版

PART 4

砥砺
奋进

从工厂车间到田间地头,再到城市的大街小巷,时代对每一代青年有不同的召唤,但不变的关键词就是"奋斗"。一个个色彩斑斓的青春梦想,在不舍寸功中开花结果,在日夜坚守中可感可及,在平凡岗位的奋斗中出彩闪光,为逐梦前行的伟大时代写下生动注脚。

《人民日报》2022年05月04日01版

苦是对环境、形势、局面的一种描述，也是对人意志品质的一种检验。在吃苦中可以涵养正确的价值观和人生观，在吃苦中可以磨炼坚强的决心、信心和恒心，在吃苦中可以锤炼能力、增强毅力。

《人民日报》2021年05月21日04版

PART 4

砥砺奋进

> 山再高,往上攀,总能登顶;
> 路再长,走下去,定能到达。
>
> 《人民日报》2022年07月21日05版

> 我们的事业,从来就没有等出来的成功,只有干出来的精彩。
>
> 《人民日报》2021年12月31日05版

PART 4

砥砺
奋进

> 千里之行,始于足下。任何成绩都不是说出来、喊出来的,而是靠实打实干出来的。
>
> 《人民日报》2022 年 04 月 19 日 09 版

干是行动,实是态度,做任何事情首先要端正态度,才能用心去干,才能干出成效。

《人民日报》2022年04月19日09版

PART 4

砥砺奋进

> 要有以苦为乐的情怀，无论工作多么辛苦，生活多么艰苦，都要经得起诱惑、耐得住寂寞、守得住清贫，忠于职守、担责不误、遇难不怯，让苦干成为一种状态。
>
> 《人民日报》2022年04月19日09版

业绩都是干出来的，真干才能真出业绩、出真业绩。谋划工作要从人民群众的根本利益和长远利益出发，多做功在当代、利在长远的事情。对当务之急，要立说立行、紧抓快办，不能慢慢吞吞、拖拖拉拉。对长期任务，要保持战略定力和耐心，以功成不必在我的精神境界、功成必定有我的历史担当，坚持一张蓝图绘到底，滴水穿石，久久为功。

《人民日报》2022年03月16日09版

PART 4

砥砺
奋进

不畏山高路远的跋涉者，山川回馈以最奇绝的景色；不惧风高浪急的弄潮儿，大海回报以最壮丽的气象。

《人民日报》2022年04月18日05版

站在新的历史起点上,我们不能有任何喘口气、歇歇脚的念头,必须发扬迎难而上的精神,披荆斩棘,闯关夺隘,过了一山再登一峰,跨过一沟再越一壑。保持"越是艰险越向前"的英雄气概,激发"斗罢艰险又出发"的壮志豪情,团结奋斗、勇毅前行,我们一定能始终掌握历史主动,牢牢把握未来发展主动权,把为崇高理想奋斗的实践不断推向前进。

《人民日报》2022年04月18日05版

PART 4

砥砺
奋进

> 走远路必从近处开始，登高山必从低处起步。做任何事情都要积小成大、坚持不懈。好高骛远，操之过急，可能欲速不达。不积跬步，无以至千里；不积小流，无以成江海。干事创业，就需要咬定目标、脚踏实地，埋头苦干、久久为功，一步一个脚印，铺就成功之路。
>
> 《人民日报》2022年06月08日05版

逐梦的路上时有障碍，但只要全力以赴、无所畏惧，梦想终会绽放。新的征程上，撸起袖子加油干，我们一定能创造不同凡响的未来，拥抱更加幸福的生活。

《人民日报》2022年06月07日05版

PART 4

砥砺
奋进

那些无名的人，可能是"赶路的人""养家的人"，是"努力地生活的人"，也是平凡普通却顶天立地的人。致敬这些"无名的人"，致敬平凡而普通的我们，因为每一个努力生活、心怀光亮的人，都值得祝福，也一定能收获生活热烈的拥抱。

《人民日报》2022 年 01 月 21 日 05 版

拼搏是最美的人生状态。每一次拼搏,都意味着不轻言放弃,都是在为成就梦想蓄积力量。

《人民日报》2022年02月17日04版

PART 4

砥砺奋进

干事创业，无人不希冀成功的荣耀。拼尽全力不一定都能梦想成真，但成功背后必定是超越常人的艰辛努力。从科学家的发明创造到运动员的摘金夺银，从英雄人物的非凡功绩到普通劳动者的默默奉献，都伴随着激越豪迈的奋斗进行曲。事业有成者的经历表明，一切收获都源自辛勤耕耘、不懈奋斗。

《人民日报》2022年02月17日04版

奋力拼搏方能实现可贵的自我超越。这种超越，是一种不惧挑战的勇毅，可谓"越是艰险越向前"；是一种战胜自我的奋起，可谓"不用扬鞭自奋蹄"；是一种不甘平庸的行进，可谓"苟日新，日日新，又日新"。

《人民日报》2022年02月17日04版

PART 4

砥砺奋进

世界上哪有一蹴而就的胜利，惟有反复淬火才能百炼成钢；哪有平白无故的幸运，惟有经受磨砺才能收获良机。

《人民日报》2022年02月17日04版

2023

1月

一	二	三	四	五	六	日
					1 元旦	
2 十一	3 十二	4 十三	5 小寒	6 十五	7 十六	8 十七
9 十八	10 十九	11 二十	12 廿一	13 廿二	14 廿三	15 廿四
16 廿五	17 廿六	18 廿七	19 廿八	20 大寒	21 除夕	22 春节
23/30 初二/初九	24/31 初三/初十	25 初四	26 初五	27 初六	28 初七	29 初八

2月

一	二	三	四	五	六	日
		1 十一	2 十二	3 十三	4 立春	5 元宵节
6 十六	7 十七	8 十八	9 十九	10 二十	11 廿一	12 廿二
13 廿三	14 情人节	15 廿五	16 廿六	17 廿七	18 廿八	19 雨水
20 初一	21 龙头节	22 初三	23 初四	24 初五	25 初六	26 初七
27 初八	28 初九					

3月

一	二	三	四	五	六	日
		1 初十	2 十一	3 十二	4 十三	5 十四
6 惊蛰	7 十六	8 妇女节	9 十八	10 十九	11 二十	12 植树节
13 廿二	14 廿三	15 廿四	16 廿五	17 廿六	18 廿七	19 廿八
20 廿九	21 春分	22 初一	23 初二	24 初三	25 初四	26 初五
27 初六	28 初七	29 初八	30 初九	31 初十		

4月

一	二	三	四	五	六	日
					1 十一	2 十二
3 十三	4 十四	5 清明	6 十六	7 十七	8 十八	9 十九
10 二十	11 廿一	12 廿二	13 廿三	14 廿四	15 廿五	16 廿六
17 廿七	18 廿八	19 廿九	20 谷雨	21 初二	22 地球日	23 初四
24 初五	25 初六	26 初七	27 初八	28 初九	29 初十	30 十一

5月

一	二	三	四	五	六	日
1 劳动节	2 十三	3 十四	4 十五	5 十六	6 立夏	7 十八
8 十九	9 二十	10 廿一	11 廿二	12 廿三	13 廿四	14 母亲节
15 廿六	16 廿七	17 廿八	18 廿九	19 初一	20 初二	21 小满
22 初四	23 初五	24 初六	25 初七	26 初八	27 初九	28 初十
29 十一	30 十二	31 十三				

6月

一	二	三	四	五	六	日
			1 儿童节	2 十五	3 十六	4 十七
5 十八	6 芒种	7 二十	8 廿一	9 廿二	10 廿三	11 廿四
12 廿五	13 廿六	14 廿七	15 廿八	16 廿九	17 三十	18 父亲节
19 初二	20 初三	21 夏至	22 端午节	23 初六	24 初七	25 初八
26 初九	27 初十	28 十一	29 十二	30 十三		

7月

一	二	三	四	五	六	日
					1 建党节	2 十五
3 十六	4 十七	5 十八	6 十九	7 小暑	8 廿一	9 廿二
10 廿三	11 初伏	12 廿五	13 廿六	14 廿七	15 廿八	16 廿九
17 三十	18 初一	19 初二	20 初三	21 中伏	22 初五	23 大暑
24/31 初七/十四	25 初八	26 初八	27 初九	28 初十	29 十二	30 十三

8月

一	二	三	四	五	六	日
	1 建军节	2 十六	3 十七	4 十八	5 十九	6 二十
7 廿一	8 立秋	9 廿三	10 末伏	11 廿五	12 廿六	13 廿七
14 廿八	15 廿九	16 初一	17 初二	18 初三	19 初四	20 初五
21 初六	22 七夕	23 处暑	24 初九	25 初十	26 十一	27 十二
28 十三	29 十四	30 中元节	31 十六			

9月

一	二	三	四	五	六	日
				1 十七	2 十八	3 十九
4 二十	5 廿一	6 廿二	7 廿三	8 白露	9 廿五	10 教师节
11 廿七	12 廿八	13 廿九	14 三十	15 初一	16 初二	17 初三
18 初四	19 初五	20 初六	21 初七	22 初八	23 秋分	24 初十
25 十一	26 十二	27 十三	28 十四	29 中秋节	30 十六	

10月

一	二	三	四	五	六	日
						1 国庆节
2 十八	3 十九	4 二十	5 廿一	6 廿二	7 廿三	8 寒露
9 廿五	10 廿六	11 廿七	12 廿八	13 廿九	14 三十	15 初一
16 初二	17 初二	18 初四	19 初五	20 初六	21 初七	22 初八
23/30 重阳节/十六	24/31 霜降/十七	25 十一	26 十二	27 十三	28 十四	29 十五

11月

一	二	三	四	五	六	日
		1 十八	2 十九	3 二十	4 廿一	5 廿二
6 廿三	7 廿四	8 立冬	9 廿六	10 廿七	11 廿八	12 廿九
13 寒衣节	14 初二	15 初三	16 初四	17 初五	18 初六	19 初七
20 初八	21 初九	22 小雪	23 十一	24 十二	25 十三	26 十四
27 十五	28 十六	29 十七	30 十八			

12月

一	二	三	四	五	六	日
				1 十九	2 二十	3 廿一
4 廿二	5 廿三	6 廿四	7 大雪	8 廿六	9 廿七	10 廿八
11 廿九	12 三十	13 初一	14 初二	15 初三	16 初四	17 初五
18 初六	19 初七	20 初八	21 初九	22 冬至	23 秋分	24 十二
25 十三	26 十四	27 十五	28 十六	29 十七	30 十八	31 十九

2024

1月

一	二	三	四	五	六	日
1 元旦	2 廿一	3 廿二	4 廿三	5 廿四	6 小寒	7 廿六
8 廿七	9 廿八	10 廿九	11 初一	12 初二	13 初三	14 初四
15 初五	16 初六	17 初七	18 腊八节	19 初九	20 大寒	21 十一
22 十二	23 十三	24 十四	25 十五	26 十六	27 五九	28 十八
29 十九	30 二十	31 廿一				

2月

一	二	三	四	五	六	日
			1 廿二	2 廿三	3 廿四	4 立春
5 六九	6 廿七	7 廿八	8 廿九	9 除夕	10 春节	11 初二
12 初三	13 初四	14 情人节	15 初六	16 初七	17 初八	18 初九
19 雨水	20 十一	21 十二	22 十三	23 八九	24 元宵节	25 十六
26 十七	27 十八	28 十九	29 二十			

3月

一	二	三	四	五	六	日
				1 廿一	2 廿二	3 廿三
4 廿四	5 惊蛰	6 廿六	7 廿七	8 妇女节	9 廿九	10 初一
11 龙头节	12 植树节	13 初三	14 初四	15 初五	16 初六	17 初七
18 初九	19 初十	20 春分	21 十二	22 十三	23 十四	24 十五
25 十六	26 十七	27 十八	28 十九	29 二十	30 廿一	31 廿二

4月

一	二	三	四	五	六	日
1 廿三	2 廿四	3 廿五	4 清明	5 廿七	6 廿八	7 廿九
8 三十	9 初一	10 初二	11 初三	12 初四	13 初五	14 初六
15 初七	16 初八	17 初九	18 初十	19 谷雨	20 十二	21 十三
22 十四	23 十五	24 十六	25 十七	26 十八	27 十九	28 二十
29 廿一	30 廿二					

5月

一	二	三	四	五	六	日
		1 劳动节	2 廿四	3 廿五	4 廿六	5 立夏
6 廿八	7 廿九	8 初一	9 初二	10 初三	11 初四	12 初五
13 初六	14 初七	15 初八	16 初九	17 初十	18 十一	19 十二
20 小满	21 十四	22 十五	23 十六	24 十七	25 十八	26 十九
27 二十	28 廿一	29 廿二	30 廿三	31 廿四		

6月

一	二	三	四	五	六	日
					1 儿童节	2 廿六
3 廿七	4 廿八	5 芒种	6 初一	7<>初二	8 初三	9 初四
10 端午节	11 初六	12 初七	13 初八	14 初九	15 初十	16 父亲节
17 十二	18 十三	19 十四	20 十五	21 夏至	22 十七	23 十八
24 十九	25 二十	26 廿一	27 廿二	28 廿三	29 廿四	30 廿五

7月

一	二	三	四	五	六	日
1 建党节	2 廿七	3 廿八	4 廿九	5 三十	6 小暑	7 初二
8 初三	9 初四	10 初五	11 初六	12 初七	13 初八	14 初九
15 初伏	16 十一	17 十二	18 十三	19 十四	20 十五	21 十六
22 大暑	23 十八	24 十九	25 中伏	26 廿一	27 廿二	28 廿三
29 廿四	30 廿五	31 廿六				

8月

一	二	三	四	五	六	日
			1 建军节	2 廿八	3 廿九	4 初一
5 初二	6 初三	7 立秋	8 初五	9 初六	10 七夕节	11 初八
12 初九	13 初十	14 末伏	15 十二	16 十三	17 十四	18 中元节
19 十六	20 十七	21 十八	22 处暑	23 二十	24 初伏	25 廿二
26 廿三	27 廿四	28 廿五	29 廿六	30 廿七	31 廿八	

9月

一	二	三	四	五	六	日
						1 廿九
2 三十	3 初一	4 初二	5 初三	6 初四	7 白露	8 初六
9 初七	10 教师节	11 初九	12 初十	13 十一	14 十二	15 十三
16 十四	17 中秋节	18 十六	19 十七	20 十八	21 十九	22 秋分
23/30 廿一/廿八	24 廿二	25 廿三	26 廿四	27 廿五	28 廿六	29 廿七

10月

一	二	三	四	五	六	日
1 国庆节	2 三十	3 初一	4 初二	5 初三	6 初四	
7 初五	8 寒露	9 初七	10 初八	11 重阳节	12 初十	13 十一
14 十二	15 十三	16 十四	17 十五	18 十六	19 十七	20 十八
21 十九	22 二十	23 霜降	24 廿二	25 廿三	26 廿四	27 廿五
28 廿六	29 廿七	30 廿八	31 廿九			

11月

一	二	三	四	五	六	日
				1 初一	2 初二	3 初三
4 初四	5 初五	6 初六	7 立冬	8 初八	9 初九	10 初十
11 十一	12 十二	13 十三	14 十四	15 十五	16 十六	17 十七
18 十八	19 十九	20 二十	21 廿一	22 小雪	23 廿三	24 廿四
25 廿五	26 廿六	27 廿七	28 廿八	29 廿九	30 三十	

12月

一	二	三	四	五	六	日
						1 初一
2 初二	3 初三	4 初四	5 初五	6 大雪	7 初七	8 初八
9 初九	10 初十	11 十一	12 十二	13 十三	14 十四	15 十五
16 十六	17 十七	18 十八	19 十九	20 二十	21 冬至	22 廿二
23/30 廿三/廿九	24/31 廿四/初一	25 廿五	26 廿六	27 廿七	28 廿八	29 廿九

出 版 人：刘华新
责任编辑：周海燕　孙　祺
装帧设计：元泰书装

ISBN 978-7-5115-7412-1

定价：68.00元